가계에 흐르는 저주를
축복으로 바꾸시는 하나님

"가계에 흐르는 저주를 끊어야 산다"의 완결편

가계에 흐르는 저주를 축복으로 바꾸시는 하나님
Break the Generation Curse: Part II
초판 발행: 1998년 10월 10일
지은이: 메릴린 히키
옮긴이: 엄성옥
발행처: 은성출판사
등록: 1974, 2013 제9-66호
ⓒ1996, 2014 은성출판사
주소: 서울시 강동구 성내동 538-9 은성빌딩 3층
전화: (070) 8274-4404

이 책은 미국 Marilyn Hickey Ministries의 출판권 Agency를 통해 출판계약에 의해 출판하였으며, 본 한국어 번역본에 대한 제작 및 판매에 대한 일체의 권리는 은성출판사가 소유하고 있습니다. 출판사의 사전 서면으로 허락 없이 번역, 재제작, 인용, 촬영, 녹음 등을 할 수 없음을 알려드립니다.

Break the Generation Curse: part II
Copyrights ⓒ 1995 by Marilyn Hickey Ministries.
Revised version copyright ⓒ 1997.
P.O. Box 17340, Denver, Colorado 80217
ISBN: 978-89-7236-412-2

Break the Generation Curse

Part II

by

Marilyn Hickey

translated by

Eum Sungok

가계에 흐르는 저주를
축복으로 바꾸시는 하나님

"가계에 흐르는 저주를 끊어야 산다"의 완결편

메릴린 히키 지음

엄성옥 옮김

목차

제1부. 가계에 흐르는 저주의 근원

    제1장 태초에. … / 11

    제2장 죄인가. 죄악인가? / 31

    제3장 가계의 뿌리를 살펴야한다 / 51

제2부. 가계에 흐르는 저주를 축복으로 바꾸신 예수님

    제4장 믿는 자에게 주시는 약속: 저주로부터의 구원 / 71

    제5장 구속의 상급 / 87

    제6장 가계에 흐르는 저주에서 영원히 해방되라 / 101

    제7장 저주로부터의 자유 / 131

제3부. 우리의 후손

제8장 축복을 유산으로 받게 되다 / 151

제9장 마귀의 공격에 대항하는 방법 / 175

제10장 우리가 약할수록 원수는 강해진다 / 185

제11장 축복을 보장하는 말씀 / 197

제1부

가계에 흐르는 저주의 근원

제1장

태초에…

로버트의 인생은 불운의 연속이었다. 악명 높은 포주였던 로버트의 아버지는 로버트가 여덟 살 때에 자살했다. 로버트는 14살 때에 그 동네에서 폭력을 일삼아 주민들이 꺼리는 거리의 불량배가 되었다. 16살 때에는 무장강도죄로 체포되어 2년 동안 옥살이를 했다. 로버트가 감옥에서 출감하기 전 날, 로버트의 패거리와 경쟁 관계에 있던 불량배들은 보복하기 위해서 로버트의 어머니를 살해했고, 석 달 후에는 로버트의 의붓아버지 역시 같은 무리에 의해 총격을 받아 목숨을 잃었다.

로버트의 가계의 흐름을 살펴보면 로버트의 조상들이 대대로 파괴적인 행위의 고리에 휘말려 있다는 사실을 발견할 수 있다. 다행히도 로버트는 20살에 삶을 변화시키는 복음의 말씀을 듣고 그리스도를 구세주를 영접함으로써 이러한 파괴적인 행위의 속박에서 벗어났다. 그런데 안타깝게도 우리는 조상으로부터 전해 내려오는 많은 혈통적인 특성—예를 들면 질병, 태도, 행동 특성 등—을 가지고 있는데, 이러한 파괴적인 성향을 변화시키는 방법을 아는 사람들은 그리 많지 않다.

하나님은 우리 가계 안에 숨겨져 있는 패배의 원인들을 밝히 비춰보여 주시고 완악한 죄와 외관상의 어려움들을 완전히 근절해 주려 원하신다. 하나님의 말씀의 진리를 발견하여 그것을 자신의 삶에 적용하게 되면, 우리는 우리 세대 및 후손을 위해서 하나의 축복의 유산을 확보하게 될 것이다. 즉 그리스도 안에서 풍성하고 성공적이고 승리의 삶을 확립하게 될 것이다.

에덴동산에서

태초에 하나님은 완벽한 가정을 만드셨다. 하나님은 아담과 하와를 만드셔서 에덴동산에 살게 하시고 그들에게 복되고 충성한 삶을 살게 하셨다.

"하나님이 그들에게 복을 주시며 하나님이 그들에게 이르시되 생육하고 번성하여 땅에 충만하라, 땅을 정복하라, 바다의 물고기와 하늘의 새와 땅에 움직이는 모든 생물을 다스리라 하시니라 하나님이 이르시되 내가 온 지면의 씨 맺는 모든 채소와 씨 가진 열매 맺는 모든 나무를 너희에게 주노니 너희의 먹을 거리가 되리라 또 땅의 모든 짐승과 하늘의 모든 새와 생명이 있어 땅에 기는 모든 것에게는 내가 모든 푸른 풀을 먹을 거리로 주노라 하시니 그대로 되니라"(창 1:28-30).

아담과 하와는 하나님이 예비해주신 풍요로운 삶을 살았다. 그런데 그들은 사탄의 유혹에 넘어가 세상에 대한 지배권을 상실했다. 타락하기 전의 아담과 하와는 복된 가정을 이루었다. 그러나 타락한 후에 죄와 사망과 멸망의 저주가 들어왔고, 하나님께서 지으신 원래의 복된 가정은 그 이후로 존재하지 않게 되었다.

아담과 하와는 범죄했기 때문에 저주 아래 놓였는데, 이 저주는 그의 가정뿐만 아니라 후손에게도 대대로 영향을 미쳤다. 하나님께서는 뱀과 땅에게도 저주를 선언하셨다. 아담에게는 힘들게 일해야 하는 삶을, 그리고 하와에게는 잉태하는 고통을 크게 더하게 하셨다. 아담과 하와의 삶은 크게 풍요롭고 번영하고 평화로운 삶에서 죽음과 질병과 두려움과 그밖에 온갖 바람직하지 않은 유전적 특징을 가진 삶으로 전락했는데, 이러한 좋지 못한 형질들은 혈통적으로 유전되는 듯하다. 오늘날 "가계에 흐르는 저주"라고 알려져 있는 것에 대한 직접적인 책임은 아담과 하와에게 있다.

"또 여자에게 이르시되 내가 네게 임신하는 고통을 크게 더하리니 네가 수고하고 자식을 낳을 것이며 너는 남편을 원하고 남편은 너를 다스릴 것이니라 하시고 아담에게 이르시되 네가 네 아내의 말을 듣고 내가 네게 먹지 말라 한 나무의 열매를 먹었은즉 땅은 너로 말미암아 저주를 받고 너는 네 평생에 수고하여야 그 소산을 먹으리라 땅이 네게 가시덤불과 엉겅퀴를 낼 것이라 네가 먹을 것은 밭의 채소인즉"(창 3:16-18).

우리에게 한 가지 소원이 있다면, 그것은 우리 가족들이 튼튼하고 건강하고 복을 받는 것이다. 그러나 우리는 처음부터 가족 구조의 파괴를 보고 있다. 아담과 하와의 가계를 추적해보면 에덴동산에서 쫓겨난 후 하와는 가인과 아벨을 낳았는데, 가인은 동생 아벨을 시기하여 살해했다(창 4:5, 8). 가인의 후손 라멕도 조상의 전철을 밟아 사람을 죽였다(창 4:23). 여기에서 우리는 한 세대에서 다음 세대로 유전되는 분명한 혈통적 특성을 발견할 수 있다.

죄의 재발

대대로 유전되는 혈통적인 특성이나 좋지 못한 형질과 관련이 있는 심오한 진리가 출애굽기 20장 5절에서 발견된다: "그것들에게 절하지 말며 그것들을 섬기지 말라 나 네 하나님 여호와는 질투하는 하나님인즉 나를 미워하는 자의 죄를 갚되 아버지로부터 아들에게로 삼사 대까지 이르게 하거니와."

우리 주위에는 알코올중독, 비만, 혼전 임신 등 때문에 파탄된 가정들이 있다. 우리 자신의 가계家系에서 특정 형태의 질병이나 약함을 발견할 수도 있을 것이다. 혹 간음이나 어린이 학대와 같은 성향이 있는 것을 발견하고서 "어휴, 우리 가문은 엉망이군."이라고 생각할 수도 있을 것이다. 그러나 그리 두려워할 필요가 없다. 하나님께서 우리 및 우리의 후손들을 위해 예비해두신 것이 있기 때문이다.

이사야 53장 12절은 예수님이 우리의 죄를 담당하셨다고 말한다. 어쩐 영문인지 나는 항상 죄sin와 죄악iniquity과 허물transgression을 혼동하여 취급해왔다. 그러나 성경에서는 이것들을 구분하고 있다. 예수께서는 갈보리에서 우리의 죄악뿐만 아니라 죄와 허물도 담당하셨다.

> "그가 찔림은 우리의 허물 때문이요 그가 상함은 우리의 죄악 때문이라 그가 징계를 받으므로 우리는 평화를 누리고 그가 채찍에 맞으므로 우리는 나음을 받았도다"(사 53:5).

죄sin란 "표적을 맞추지 못하다"라는 의미이다. 그러므로 만일 죄를 범한다는 것은 하나님께서 우리를 불러 행하라고 명하신 것을 제대로 행하지 못한 것이다. 우리 모두에게는 하나님께서 정해주신 "표적을 맞추지 못한" 죄가 있다. "모든 사람이 죄를 범하였으매 하나님의 영광에 이르지 못하더니"(롬 3:23). 이것이 예수께서 우리의 죄 짐을 대신 지기 위해서 십자가를 지셔야 했던 이유이다.

한편 허물transgression이란 "남의 땅이나 권리 따위를 침해하다", 혹은 "이미 설정되어 있는 경계를 넘어서다"를 의미한다. 우리는 사람이나 하나님의 권리를 침해하는 죄(허물)를 범할 가능성이 있다. 만일 내가 의도적으로 당신의 발을 밟는다면, 또는 허락도 받지 않고 "들어오지 마시오"라는 표지가 세워져 있는 당신의 땅에 들어간다면, 나는 당신의 권리를 침해하는 죄를 범하는 것이다.

어떤 사람은 "나는 사람들로부터 상처를 받았다"라고 말한다. 예수께서 바로 이러한 권리 침해의 죄 때문에 상처를 받으셨으므로, 이제 우리는 더 이상 그러한 죄 짐을 지고 다닐 필요가 없다. 예수께서 우리의 허물 때문에 상처를 받으셨다는 것은 참으로 역동적인 사실이 아닌가? 나는 사람들의 권리를 침해하는 죄를 범한 적이 있는데, 그 때 나는 용서 받을 수 있다고 생각하기가 어려웠다. 우리가 어떤 행동을 했고 무슨 생각을 했든지 상관없이 성경은 예수께서 우리의 죄 때문에 상처를 입으셨다고 말한다. 예수님은 우리가 다른 사람들에게 행한 것, 그리고 다른 사람들이 우리에게 행한 것들로 인한 상처를 담당하셨다. 우리가 해야 할 일은 그저 회개하고 예수께 그 죄짐을 맡기는 일뿐이다.

우리는 예수님의 몸에서 피를 흘리신 상처 일곱 군데를 발견할 수 있다. 예수님은 할례를 받으셨고, 수염을 뽑히셨고, 가시 면류관을 쓰셨고, 손과 발과 옆구리를 창에 찔리셨고, 채찍으로 등을 맞으셨다. 나는 이것이 아주 흥미롭다고 생각한다. 왜냐하면 성경에서 "7"은 완전수이기 때문이다. 나는 하나님께서 우리가 일곱 군데의 상처 때문에 갖게 될 온갖 종류의 연약함과 약함과 죄에 대해 예수께서 완전하게 예비하셨다고 말씀하고 계시다고 믿는다. 예수님은 참고 인내하셨다. 예수께서 예비하신 것은 완전하고 충만한 것이다.

죄악의 비밀

이제 불법 혹은 죄악iniquity이라는 단어에 대해 살펴보자. 죄악이란 "굽히다" 또는 "(마음을) 일그러뜨리다"라는 의미이다. 이 단어는 "어떤 연약함, 또는 특정의 죄를 향하는 숙명"이라는 의미도 함축한다. 이사야는 그리스도께서 우리의 죄악 때문에 상하셨다고 말한다(사 53:5).

만일 우리가 어떤 죄sin를 범하고 나서 회개한 후 다시는 그 죄를 범하지 않는다면 그것으로 완전하다. 그러나 우리가 계속 해서 같은 죄를 범한다면 그 죄는 우리의 죄악iniquity이 된다. 다시 말해서 거듭 반복하여 행함으로 말미암아 그것은 자발적인 것이 되어 특별한 상황이나 적절한 환경이 주어지면 그러한 방향으로 기울게 될 것이다.

하나의 죄를 거듭 범한다면 그 죄는 혈통을 통해서 유전될 수 있는 죄악이 된다. 어떤 사람이 지속적으로 율법을 범한다면 그 사람 안에 죄악이 형성되며, 그 죄악은 그의 자녀들에게 유전된다. 따라서 그 사람의 후손들은 동일한 종류의 죄를 쉽게 범하는 약점을 지니게 될 것이다. 각 세대마다 총체적인 죄악을 더하여 그 다음 세대의 죄에 대한 저항력을 더욱 약화시키게 된다.

출애굽기 20장 5절에서는 조상들의 죄악에 대해 특별하게 언급한다. 만일 가계에서 이러한 죄악을 깨끗이 제거하지 못한다면, 그 후손들은 갈수록 더 악하게 되어 그들의 부모나 조부나 증조부들이 행했던 것과 동일한 일을 자행하게 될 것이다. 조상이 지녔던 악한 경향을 후손이 따르게 될 것이며, 그것은 그 가계 안에서 죄악의 유대, 또는 가문의 저주가 된다.

가족이나 조상들 중에 알코올중독자가 있는 가문의 후손들 중에서는 대체로 한두 명 이상의 알코올중독자가 생긴다. 생각해 보자면 그것은 그 가문에서 처음으로 지나치게 술을 마신 사람에게서는 죄였다. 그러나 그 가문의 사람들이 계속 술을 마시면서도 회개하여 거기서 해방되려는 노력을 하지 않았기 때문에 술 마시는 것이 하나의 죄악이 된 것이다. 결국 그 가문은 알코올중독에 빠지는 성향을 지니기 시작한다.

내 아버지에게는 두 가지 신경쇠약 증세가 있었다. 나중에야 알게 되었지만, 나의 할아버지와 증조할아버지에게도 정신적 문제와 감정적인 문제가 있었다고 한다. 나는 한 번도 이것을 유전적 성향이라고 생각한 적이 없었고, 또 나에게 그러한 성향이 있다고도 생각하지 않았다.

그런데 36살 때에 나는 엄청난 정신적 압박에 시달렸다. 마귀는 나에게 "너는 아버지를 꼭 닮았어. 너는 네 아버지와 생긴 것도 같고 행동하는 것도 똑같아. 그러니 너도 신경쇠약에 걸릴 거야"라고 속삭였다.

그래서는 안 됨에도 불구하고, 나는 그 생각을 인정하기 시작했다. 어느 날 나는 자신이 한계점에 도달했다고 느꼈다. 마귀는 또다시 "너는 네 아버지를 꼭 닮았으니, 너도 신경쇠약에 걸릴 거야"라고 속삭였다.

어리석게도 나는 "그래. 나는 아버지를 많이 닮았어. 그러니 나도 신경쇠약에 걸릴 거야"라고 그 속삭임에 동의했다. 그 순간 주님은 나에게 "그래, 맞다. 너는 아버지를 똑같이 닮았어. 내가 네 아버지인데, 나는 한 번도 신경쇠약에 걸린 적이 없으니, 너에게도 결코 그런 일이 없을 거야"라고 말씀하셨다.

할렐루야. 예수께서 내 죄악 때문에 상하셨다. 십자가에서 이루는 주님의 사역 덕분에 나는 가계에 흐르는 저주의 흐름을 바꿀 필요도 없게 되었고 정신적으로 완전한 건강을 누리며 승리의 생활을 하게 되었다. 주님은 십자가에서 찔리고 매 맞으신 상처를 통해서 우리 모두를 위해 동일한 일을 행하신다. 그것은 우리와 우리 가족들을 아담과 하와가 에덴동산에서 누린 것과 동일한 복된 상태로 회복시켜 주시기 위해 행하신 섭리이다.

상처와 멍bruise에는 차이가 있다. 만일 내가 자신에게 상처를 입힌다면 그 상처는 결국 아물어 딱지가 앉고 나을 것이다. 그렇지만 멍은 오랫동안 남아 있다. 멍이 든 곳은 퍼렇게 되며, 때로는 뼛속같이 깊이 멍이 들 수도 있다. 죄악은 오랫동안 머물러 있으며, 한 세대에서…다음 세대로…그 다음 세대로 이어진다는 점에서 멍에 비유할 수 있다.

바울은 데살로니가후서를 쓸 때 하나의 계시를 받았다.

> "불법(죄악, iniquity)의 비밀이 이미 활동하였으나 지금은 그것을 막는 자가 있어 그 중에서 옮겨질 때까지 하리라"(살후 2:7).

여기서 바울이 말하는 "불법의 비밀"이란 아버지의 죄와 자녀가 가는 길 사이에 놓인 눈에 보이지 않는 신비한 연관을 말한다. 예를 들면, 아버지가 거짓말쟁이에 도둑이라면, 그 자녀는 받은 교육이나 사회적, 문화적, 환경적 영향력에 상관없이 아버지와 동일한 행동을 하기 쉽다.

"죄"와 "죄악"은 모두 영적인 용어이다. 이러한 영적 용어의 의미를 파악할 때에 항상 자연계와 관련된 용어의 의미를 파악하듯이 하지는 않는다. 바울은 눈에 보이지 않는 것들은 하나님께서 만드신 것들에 의해서 이해된다고 기록했다(롬 1:20을 보라). 바울이 언급한 만드신 것이란 자연적인 우주, 즉 피조세계이다. 마찬가지로, 영적인 것은 자연적인 것에 의해서 이해할 수 있다. 예를 들면 암은 물론이요 당뇨병도 유전된다.

생식의 법칙

만물은 각기 자기와 같은 종류의 후손을 배출한다. 모든 씨앗에는 자신과 같은 종種을 만들어낼 수 있는 유전된 능력이 들어 있다. 예수께서는 산상수훈에서 바로 이 생식의 법칙을 사용하여 다음과 같이 말씀하셨다.

> "거짓 선지자들을 삼가라 양의 옷을 입고 너희에게 나아오나 속에는 노략질하는 이리라 그들의 열매로 그들을 알지니 가시나무에서 포도를, 또는 엉겅퀴에서 무화과를 따겠느냐 이와 같이 좋은 나무마다 아름다운 열매를 맺고 못된 나무가 나쁜

열매를 맺나니"(마 7:15-17).

독자 중에는 "무엇이 나쁜 열매를 맺는가?"라고 묻는 사람도 있을 것이다. 자연계에서 보면, 만일 나무의 열매가 기형이거나 원래의 종류와 같은 열매를 맺지 않는 것은 돌연변이가 발생한 것이다. 동물 사육에서도 같은 원리가 적용된다. 만일 태어난 새끼가 어미와 같은 품종이 아닐 경우에, 사육자는 그 새끼를 우리에서 제거한다. 사육자는 돌연변이체를 원하지 않는다. 돌연변이체는 사육하는 동물들의 혈통의 오손이다.

창세기 1장에서 지구의 창조에 대해 묘사된 바와 같이 만물은 각기 자신과 같은 종류의 후손을 재생산한다. 우리가 혈통이 좋은 동물을 구입하는 것은 바로 이러한 원리를 인정하는 것이다. 그러나 우리는 사람들을 대할 때에는 이 원리를 철저히 무시한다.

우리가 종합검진을 받거나 치료를 받으러 병원에 가면 의사는 진찰을 하기 전에 먼저 우리의 병력病歷을 묻는다. 우리가 우리 자신과 부모 형제 및 조부모들에게 있었던 문제점들을 말해주는 것을 참고로 하여 의사는 어떤 검사를 해야 할지를 결정한다. 질병들 중에는 유전되는 질병이 많다. 이러한 유전적 질병들 중에는 후손들 중 일부, 혹은 후손들 전체에게 나타나기도 하고, 때로는 한두 세대를 건너 뛰어 나타나기도 한다.

건강한 조상을 둔 건강한 부부에게서 태어나는 후손은 거의 건강하다. 이것이 창세기 1장에 기록된 생식(발생)의 법칙이다: "각기 종류대로 씨 가진 열매 맺는 과목을 내라." 자연계에서 이루어지는 혈통적 유전은 영적 유전에 상응한다. 혈통적 유전에 관한 자연 법칙들을 이해하게 되면, 영적 유전의 원리를 위한 실용 모형을 파악할 수 있다. 성경은 다양한 인물들 및 그 후손들의 삶에서 작용한 영적인 법칙과 그 작용을 보여주는 예들을 제공한다.

본 장 앞부분에서 우리는 아담과 그의 후손에 대해 살펴보았다. 이제는 "의인이요 당대에 완전한 자…하나님과 동행하였으며"(창 6:9)라고 묘사되는 노아에 대해 살펴보자.

노아는 "완전한 자"라고 간주되었지만 노아와 그 아들들의 혈통에는 몇 가지 결점이 있었다. 특히 함은 불법의 저주의 영향을 받았다. 술 취한 노아는 함을 통제하지 못하게 되었다. 죄에 대한 저항력이 약했기 때문에 노아는 유혹에 넘어갔다. 성경은 노아가 장막 안에서 벌거벗었다고 말한다. "벌거벗다"에 해당하는 히브리어는 레위기에서 주로 근친상간을 포함하는 성범죄와 관련하여 여러 번 사용된다.

이것이 단순하게 벌거벗은 상태일 것 같지는 않다. 노아가 가나안에게 선포한 저주는 그가 행한 일에 비해 너무 가혹했다. 하나님께서는 동성연애를 엄하게 심판하셨다.

성경은 함의 경우가 바로 이런 것이었음을 증명해줄 것이다. 아모리 족속은 가나안의 후손이었고, 가나안 족속은 함의 후손이었다. 그들은 가나안땅에 거주했는데, 가나안 땅은 이스라엘이 아모리 족속에게서 힘으로 빼앗아야 할 땅이었다. 아모리 족속은 우상들과 거짓 신들을 숭배했으며, 그들의 예배의 특성은 성도착과 섹스 파티였다.

아모리 족속의 죄악

창세기 15장을 보면 하나님께서는 아브라함이 약속의 땅을 기업으로 받을 것이라는 확신을 주셨다. 아브라함의 후손들이 4백 년 동안 낯선 땅을 방황하겠지만 "아모리 족속의 죄악이 아직 가득 차지 아니했기" 때문에 사대 만에 가나안땅으로 돌아오게 되기 때문이었다(창 15:15).

창세기 13장을 보면 아브라함과 롯이 헤어졌는데, 롯은 소돔과 고모라를 포함한 평야를 선택했다. 소돔과 고모라의 주민들 역시 가나안 족속이었다. 그들은 동성연애를 자행했고, 그 때문에 소돔과 고모라는 멸망했다.

아브라함은 소돔과 고모라를 구하기 위해 하나님과 협상을 했지만 의인 롯과 그의 가족들만 목숨을 구했다. 두 도시의 나머지 주민들은 모두 철저히 타락했기 때문에 전멸했다. 그 당시 소돔과 고모라 사람들의 죄악이 충만했다.

"아브라함이 가까이 나아가 이르되 주께서 의인을 악인과 함께 멸하려 하시나이까…여호와께서 이르시되 내가 만일 소돔 성읍 가운데에서 의인 오십 명을 찾으면 그들을 위하여 온 지역을 용서하리라…아브라함이 또 이르되 주는 노하지 마옵소서 내가 이번만 더 아뢰리이다 거기서 십 명을 찾으시면 어찌하려 하시나이까 이르시되 내가 십 명으로 말미암아 멸하지 아니하리라"(창 18:23, 26, 32).

죄악(불법)의 비밀이 이미 실현되었다: 조상의 죄들이 소돔과 고모라 주민의 3, 4대까지 전달되었다(출 20:5). 삼사 대를 거치는 동안 죄악이 축적되면서 그 자녀들의 마음이 비뚤어지고 비틀렸기 때문에 그들이 주 앞에서 의롭게 행할 가능성이 전혀 없었다. 4대가 지나는 동안 그들의 영적 혈통은 완전히 타락하고 더러워졌고, 그들의 마음은 오직 악으로만 기울었다. 신명기 20장 16절, 17절에서 하나님께서 이스라엘에게 말씀하신 것은 가나안 족속에 대한 언급이었다: "오직 네 하나님 여호와께서 네게 기업으로 주시는 이 민족들의 성읍에서는 호흡 있는 자를 하나도 살리지 말지니…"

하나님은 이스라엘에게 살아 있는 것은 짐승이나 사람이나 모조리 죽여야 한다고 명령하셨다. 영이 깃들 수 있는 모든 것을 죽이라고 명하신 것이다(신약 성경에서는 동물들에게도 영이 깃들 수 있다는 증거를 제공한다).

> "마침 그 곳에 많은 돼지 떼가 산에서 먹고 있는지라 귀신들이 그 돼지에게로 들어가게 허락하심을 간구하니 이에 허락하시니 귀신들이 그 사람에게서 나와 돼지에게로 들어가니 그 떼가 비탈로 내리달아 호수에 들어가 몰사하거늘"(눅 8:32-33).

가나안 족속의 죄악이 굳게 자리를 잡았기 때문에 그들의 혈통을 멸하기 위해서 그들을 지상에서 완전히 멸절시켜야 했다. 그들의 존속을 허락하는 것은 곧 이스라엘을 가나안 족속의 죄악과 동일한 죄악에 감염될 가능성에 노출시키며, 그 죄악은 이스라엘 국가 전체에 퍼지는 결과를 낳게 될 것이었다.

그러나 이스라엘이 하나님의 심판을 제대로 시행하지 못했기 때문에 이스라엘은 심각한 곤란에 처했다. 가나안 족속을 멸절시키는 일을 등한히 한 결과 죄악이 배가 되었다. 가나안땅이 죄악에 굴복했을 때에 하나님께서는 칼을 드시고 그 땅을 정화하셨다. 에스겔 8장과 9장에서는 혈통을 깨끗이 하시는 하나님을 생생하게 묘사하고 있다. 에스겔 8장에서 우리는 하나님께서 이스라엘에게 두신 혐의, 즉 우상숭배 및 그에 따른 도덕적/사회적 규율의 저하를

볼 수 있다. 에스겔 9장을 보면 이마에 하나님의 표를 갖지 않은 사람들을 모두 죽이기 위해 천사들이 도시 전체를 누비고 다니는 것을 볼 수 있다.

> "여호와께서 이르시되 너는 예루살렘 성읍 중에 순행하여 그 가운데에서 행하는 모든 가증한 일로 말미암아 탄식하며 우는 자의 이마에 표를 그리라 하시고 그들에 대하여 내 귀에 이르시되 너희는 그를 따라 성읍 중에 다니며 불쌍히 여기지 말며 긍휼을 베풀지 말고 쳐서 늙은 자와 젊은 자와 처녀와 어린이와 여자를 다 죽이되 이마에 표 있는 자에게는 가까이 하지 말라 내 성소에서 시작할지니라 하시매 그들이 성전 앞에 있는 늙은 자들로부터 시작하더라"(겔 9:4-6).

에스겔은 그 학살을 보고 고민했고, 이스라엘 백성이 한 사람도 살아남지 못할까 두려워했다. 하나님께서는 혈통을 정화하기 위해 필요한 일을 행하는 것이라고 하셨다.

> "그가 내게 이르시되 이스라엘과 유다 족속의 죄악이 심히 중하여 그 땅에 피가 가득하며 그 성읍에 불법이 찼나니 이는 그들이 이르기를 여호와께서 이 땅을 버리셨으며 여호와께서 보지 아니하신다 함이라 그러므로 내가 그들을 불쌍히 여기지

아니하며 긍휼을 베풀지 아니하고 그들의 행위대로 그들의 머리에 갚으리라 하시더라"(겔 9:9-10).

하나님은 에스겔에게 결국 심판이 임하여 의인들만 살아남게 되고 그들에게서 나오는 세대들은 의로울 것이며 주님을 섬기게 될 것이라고 다짐하셨다(겔 14:22, 23을 보라).

우리는 죄와 마찬가지로 죄악에 대해서도 대처해야 한다. 구약 성경과 신약 성경의 사람들은 이 사실을 깨닫고 있었으며, 자신의 죄의 근원을 조상들에게서 찾았다. 다니엘 9장 16절에서 다니엘은 "우리" 열조의 죄에 대해 말한다. 또 시편 51장 5절에서 다윗은 "내가 죄악 중에서 출생하였음이여 어머니가 죄 중에서 나를 잉태하였나이다"라고 말한다. 성행위는 죄가 아니다. 왜냐하면 하나님께서는 사람들이 성적인 결합을 통해서 자손을 낳고 함께 좋은 육체의 삶을 살도록 하셨기 때문이다. 다윗이 성령의 감동하심에 의해 말하고 있는 것은 "내가 내 조상들의 죄악을 물려받았으며, 모친의 태를 통하여 그들의 연약함이 나에게 전달되었습니다"라는 뜻이다.

우리에게는 "너는 네 숙모 아무개와 똑 닮았구나"와 같은 말을 들은 경험이 있을 것이다. 예레미야애가 5장 7절에서는 "우리의 조상들은 범죄하고 없어졌으며 우리는 그들의 죄악을 담당하였나이다"라고 말한다. 다시 말하자면 우리의 숙모 아무개는 죽었지만, 우리는 그 분의 죄악, 혹은 죄를 향하는 동일한 성향을 가지고 있다.

앞에서도 말했지만, 나는 때때로 내 부모님과 조부모님에게서 물려받았음이 분명한 어떤 특징적 행동을 내 가족들에게서 발견하곤 하며, 그것들이 죄악임을 깨닫는다. 그러나 나는 가계에 흐르는 저주 아래 살 필요가 없다는 사실을 깨닫게 되었다. 우리는 그러한 저주 아래서 살 필요가 없다. 우리의 대속자이신 예수님은 우리의 죄악 때문에 상하셨고, 그럼으로써 우리와 우리의 자녀들이 대대로 가계에 흐르는 축복들을 물려받을 수 있게 해주셨다.

30 가계에 흐르는 저주를 축복으로 바꾸시는 하나님

제2장
죄인가, 죄악인가?

　제1장에서는 조상에게서 후손에게로 대대로 전해지는 죄악에 대해 살펴보았다. 어린이 학대, 알코올 중독, 비만 등처럼 유전되는 듯이 보이는 형질들은 처음에 조상 중 한 사람이 특정한 죄를 반복함으로써 그것이 그 가문 내에서 하나의 생활방식 혹은 요새처럼 자리잡게 된 것이다. 일단 자리를 잡은 죄는 죄악, 즉 특정의 행위를 지향하는 약점이나 성향이 된다. 그 사람이 계속 그 죄의 유혹에 굴복하게 되면 그에게 영향을 미치는 마귀의 세력이 그의 지·정·의가 자리잡고 있는 영혼의 영역을 지배하고 그 사람을 통제하기 시작하여 그의 다음 세대까지도 통제하게 된다.
　이와 같은 현상을 가계의 죄악, 혹은 가계에 흐르는 저주라고 한다. 그러나 성경을 찾아보면, 한 가정만이 이러한 유전된 죄악의 지배를 받는 것이 아니라 국가들, 제사장들, 그리고 땅들도 저주를 물려받을 수 있다는 사실을 발견하게 될 것이다.

땅의 죄악

사무엘하 21장에서는 3년 동안 기근이 들었다고 말한다. 다윗은 하나님 앞에 나아가 간구했다. 그는 "하나님, 당신께서는 우리에게 풍요를 약속하셨는데 이렇게 기근이 드는 것은 잘못된 일입니다. 당신의 축복을 거두셔야 할 영적인 잘못이 있습니까?"라고 말했다. 하나님은 "그래. 이것은 사울이 기브온 사람들에게 행한 죄들 때문이다. 그들이 흘린 피가 땅에서 나에게 '복수'를 외치고 있다"라고 말씀하셨다.

다윗은 기브온 사람들에게 어떻게 속죄해야 하겠느냐고 물었는데, 그들은 사울이 저지른 일에 대해 사울의 자손 중 일곱을 죽여야 한다고 대답했다. 결국 기브온 사람들은 사울의 자손 일곱을 목매어 죽였다. 사울의 첩 리스바는 아들들을 제대로 땅에 묻어 주려고 노력했다. 다윗은 리스바의 아들들을 사울과 요나단과 함께 묻어 주었다. 이처럼 피로써 땅을 정화한 후에야 기근은 끝이 났다.

몇 년 전에 한 사람이 나에게 자기의 농장에 대한 이야기를 편지로 써 보낸 적이 있다. 매년 어떤 잡초가 솟아나는데 그 풀을 뜯어 먹은 가축들이 그 독에 중독이 된다는 내용이었다. 그 풀이 그 농부의 농장 전체에 퍼졌기 때문에 농부는 매년 많은 돈을 들여 농약을 살포해야 했다. 그러나 상황은 점점 더 악화되었다.

어느날 농부는 자기의 농지가 저주를 받았을 것이라는 말을 들었다. 농부의 할아버지가 인디언들에게서 그 땅을 샀는데, 당시 그들에게 공정치 못한 행동을 했기 때문에 인디언들이 그 땅을 저주했다는 것이었다. 농부와 아내는 기도하기 시작했다. 그들은 금식 기도를 하면서 자동차를 타고 농장 주위를 돌면서 자기들의 아버지와 할아버지들이 행한 죄악을 회개했다. 그들은 그 땅을 깨끗하게 하기 위해서 예수님의 보혈을 의지했다.

이듬해에도 역시 잡초들이 솟아났다. 그런데 농부의 아들이 잡초를 뽑아보니 뿌리 부분이 마르고 있었다. 솟아난 잡초들은 얼마 되지 않았는데, 그것조차도 뿌리에서부터 시들고 있었다. 그 후 잡초들로 인한 문제가 다시는 발생하지 않았다. 농부가 죄를 인정하고 예수님의 보혈을 의지하면서 회개했기 때문에 그들의 땅에 임했던 저주가 깨진 것이다.

최초에 아담과 하와가 범죄했을 때 저주가 세상에 들어왔다. 하나님께서는 그들과 땅과 자손들에게 저주를 선포하셨다(창 3:16-19 참조). 아담과 하와에게 주신 하나님의 최초의 명령은 "생육하고 번성하여 땅에 충만하라"는 것이었기 때문에, 아담의 후손들은 그의 타락의 결과에도 예속되어야 했다.

국가의 죄악

"슬프다 범죄한 나라요 허물 진 백성이요 행악의 종자요 행위가 부패한 자식이로다 그들이 여호와를 버리며 이스라엘의 거룩하신 이를 만홀히 여겨 멀리하고 물러갔도다"(사 1:4).

국가의 죄악에 해당하는 것은 한 국가 전체가 빠질 수 있는 것으로서 예를 들면 민족적인 대량 학살, 낙태, 우상숭배 등이다. 낙태, 정치적 부패, 종교적 부패, 음란물의 범람 등은 현재 미국에 해를 끼치고 있는 국가적 죄악들 중 일부이다.

이제까지 살았던 중에 가장 지혜로운 사람인 솔로몬은 이스라엘 국가 내에서 국가적인 죄악을 시작했는데, 그것은 이스라엘 국가의 몰락으로 이어졌다.

"솔로몬 왕이 바로의 딸 외에 이방의 많은 여인을 사랑하였으니 곧 모압과 암몬과 에돔과 시돈과 헷 여인이라 여호와께서 일찍이 이 여러 백성에 대하여 이스라엘 자손에게 말씀하시기를 너희는 그들과 서로 통혼하지 말며 그들도 너희와 서로 통혼하게 하지 말라 그들이 반드시 너희의 마음을 돌려 그들의 신들을 따르게 하리라 하셨으나 솔로몬이 그들을 사랑하였더라 왕은 후궁이 칠백 명이요 첩이 삼백 명이라 그의 여인들이 왕의 마음을 돌아서게 하였더라 솔로몬의 나이가 많을 때에 그의 여인들이 그의 마음을 돌려 다른 신들을 따르게 하였으므로 왕의 마음이 그의 아버지 다윗의 마음과 같지 아니하여 그의 하나님 여호와 앞에 온전하지 못하였으니"(왕상 11:1-4).

이것은 매우 비극적인 일이다. 무절제하게 많은 이방 여인들을 가까이 한 솔로몬이 참되고 살아계신 하나님을 예배하지 않고 우상을 숭배했다. 창조주 하나님 대신 피조물을 예배한 것이다. 구약성경 전체에서 하나님은 이스라엘에게 거듭 다른 민족들과 섞이지 말라고 경고하신다. 이것은 하나님은 이기적이기 때문에 이스라엘 민족을 독차지 하려 해서가 아니라, "불법의 비밀" 즉 조상의 죄가 삼사 대까지 전해진다는 사실을 알고 계셨기 때문이다.

고린도전서 5장 6절에서는 "적은 누룩이 온 덩어리에 퍼진다"라고 말한다. 솔로몬이 우상을 숭배했기 때문에 그의 죄는 죄악이 되어 그의 아들 르호보암과 손자 아비얌, 그리고 마지막으로 이스라엘 국가에까지 전해졌다. 솔로몬의 혈통은 완전히 부패했다.

"솔로몬의 아들 르호보암은 유다 왕이 되었으니 르호보암이 왕위에 오를 때에 나이가 사십일 세라 여호와께서 자기 이름을 두시려고 이스라엘 모든 지파 가운데에서 택하신 성읍 예루살렘에서 십칠 년 동안 다스리니라 그의 어머니의 이름은 나아마요 암몬 사람이더라 유다가 여호와 보시기에 악을 행하되 그의 조상들이 행한 모든 일보다 뛰어나게 하여 그 범한 죄로 여호와를 노엽게 하였으니 이는 그들도 산 위에와 모든 푸른 나무 아래에 산당과 우상과 아세라 상을 세웠음이라…느밧의 아들 여로보암 왕 열여덟째 해에 아비얌이 유다 왕이 되고…아비얌이 그의 아버지가 이미 행한 모든 죄를 행하고 그의 마음이 그의 조상 다윗의 마음과 같지 아니하여 그의 하나님 여호와 앞에 온전하지 못하였으나"(왕상 14:21-23; 15:1, 3).

가정의 죄악이 그렇듯이 국가적 죄악은 모든 국민들을 지배하고 오염시킬 것이다. 솔직히 말해서 나는 과거에 유고슬라비아에서 발생한 갈등은 하나의 가족의 죄악이 해결되거나 정화되지 못하여 국가적 죄악으로 변한 것이라고 생각한다.

시편 119장 133절에 "나의 발걸음을 주의 말씀에 굳게 세우시고 어떤 죄악도 나를 주관하지 못하게 하소서"라고 말한다. 시편 기자는 개인의 죄악이나 가정의 죄악이나 국가적 죄악이 자신을 지배하지 못하도록 막아달라고 하나님께 외치고 있다. 그는 자유롭기를 원했다. 하나님은 신실하신 분이시며, 그 아들 예수의 피를 흘리심으로써 모든 죄악에서 벗어날 길을 예비해 주셨음을 우리는 알고 있다. 개인이나 가정이나 국가적으로 죄악을 깨끗이 씻어내는 첫 단계들 중 하나는 가정과 국가의 죄악을 자백하는 것이다.

"만일 우리가 우리 죄를 자백하면 그는 미쁘시고 의로우사 우리 죄를 사하시며 우리를 모든 불의에서 깨끗하게 하실 것이요"(요일 1:9).

국가적 죄악의 정화

성경은 우리가 마주치게 되는 모든 상황에서 활용할 수 있는 지도 또는 청사진이다. 이것은 가정이나 국가에도 적용되는 진리이다. 이스라엘 국가가 그 국가적 죄악에서 어떻게 자유롭게 되었는지를 보여주는 성경의 본보기들을 살펴봄으로써, 우리는 우리 가정에서 죄악을 깨끗하게 하는 방법을 알 수 있을 것이다. 다니엘 9장에서, 다니엘은 금식하며 기도한다. 그는 자신을 비롯하여 조상들의 죄를 자백한다. 그는 21일 동안 금식하며 기도했다.

"내 하나님 여호와께 기도하며 자복하여 이르기를 크시고 두려워할 주 하나님, 주를 사랑하고 주의 계명을 지키는 자를 위하여 언약을 지키시고 그에게 인자를 베푸시는 이시여 우리는 이미 범죄하여 패역하며 행악하며 반역하여 주의 법도와 규례를 떠났사오며"(단 9:4, 5).

나는 다니엘서를 보면서 "죄를 지은 것은 다니엘이 아니라 그의 조상들이다"라고 생각한다. 성경은 다니엘이 매일 세 차례씩 기도한 경건한 사람이었다고 말한다. 그는 느부갓네살 왕의 꿈에 대한 계시를 받았고, 하나님의 도움으로 사자굴에서 구원을 받기도 했다.

하나님은 다니엘을 크게 존중하셨다. 그는 하나님의 사랑하는 자라고 불렸다. 그런데 왜 다니엘은 국가적 죄악을 범한 사람들에 자신을 포함시켰을까? 그것은 "죄악의 비밀"—조상들의 죄가 자손들에게 전달된다는 것—을 깨닫고 있었기 때문이었다. 그는 70년에 걸친 이스라엘의 포로 생활이 거의 끝나고 있음을 알았다. 하나님께서는 예레미야를 통해서 70년이 지나면 그들이 예루살렘으로 돌아가 성전을 재건할 것이며 하나님께서 그들의 땅을 회복시켜 주실 것이라고 말씀하신 바 있었다. 그 70년이 거의 지나가는데도 포로생활이 끝나고 있다는 표식이 전혀 없었다. 그 이유는 무엇일까? 국가의 죄악을 자백하고 혈통을 깨끗이 하지 않았기 때문이다.

다니엘은 "우리가 범죄하였다"라고 말했다. 다시 말해서 다니엘은 이스라엘 민족을 속박하고 있는 죄악에 자신이 포함되어 있음을 알았다. 그가 조상들의 죄를 자백했기 때문에 이스라엘 민족은 방향을 돌리게 되었다. 그 당시 이스라엘 민족은 바벨론의 포로였다. 그러나 다니엘이 기도한 후, 하나님께서 메대와 페르시아를 등장시키셨다. 그들은 유프라데스 강의 흐름을 바꾸어 성벽 아래 도착하여 성을 정복했다. 새로운 왕 고레스는 유대인들이 예루살렘으로 귀환하여 성전과 국가를 재건해도 된다는 칙령을 발표했다. 그러나 이 일은 다니엘이 기도하면서 자신의 죄악과 이스라엘의 국가적 죄악을 자백한 뒤에야 이루어졌다.

이따금 자신의 가계를 돌이켜 볼 필요가 있다. 우리는 "아버지와 할아버지는 불끈하는 성질이 있었는데, 나도 그렇다. 이처럼 불끈하는 성질이 어디서 어떻게 해서 시작되었든지 하나님은 그것을 용서해주시고 나를 용서해주신다. 하나님은 예수님의 보혈로 우리 가계의 흐름을 깨끗하게 해주신다"라고 말할 수 있다. 그렇게 하는 순간에 가계에 흐르는 저주가 깨진다.

국가를 위해 회개한 또 다른 인물로 느헤미야를 들 수 있다. 그는 예루살렘 성전이 재건되었지만 성벽이 무너져 있는 것을 알고서 괴로워했다. 성벽이 무너져 있는 한 이스라엘 사람들은 예루살렘 성 안에서 살지 못하리라는 것을 알았기 때문에, 그는 이스라엘을 위해 하나님께 기도했다.

> "이르되 하늘의 하나님 여호와 크고 두려우신 하나님이여 주를 사랑하고 주의 계명을 지키는 자에게 언약을 지키시며 긍휼을 베푸시는 주여 간구하나이다 이제 종이 주의 종들인 이스라엘 자손을 위하여 주야로 기도하오며 우리 이스라엘 자손

이 주께 범죄한 죄들을 자복하오니 주는 귀를 기울이시며 눈을 여시사 종의 기도를 들으시옵소서 나와 내 아버지의 집이 범죄하여"(느 1:5, 6).

느헤미야는 조상들의 죄를 고백했다. 그는 "하나님, 우리를 불쌍히 여기소서."라고 간절히 구했다. 그는 "나는 한 번도 나쁜 일을 행하지 않았습니다. 조상들이 행한 일을 내가 자백할 필요가 없습니다"라고 기도할 수도 있었을 것이다. 그러나 그는 자신의 혈통 속에서 작용하고 있는 죄악의 비밀을 깨닫고 있었고, 또 그의 조상들과 이스라엘 국가가 지닌 좋지 못한 성향을 자기도 소유하고 있음을 알고 있었기에, 그는 "우리 국민이 지은 죄와 우리가 지은 죄를 용서해 주십시오. 우리가 범죄했습니다. 우리를 용서하시고 피로 깨끗하게 해 주십시오."라고 기도했다.

느헤미야가 기도한 후 페르시아의 왕은 느헤미야가 예루살렘으로 돌아가 성벽과 성문을 재건하는 일을 허락하고 건축에 필요한 것을 공급해 주었다. 52일이 지나 성벽 재건은 완성되었고, 그 후 400년 동안은 이스라엘이 가장 번성한 시기였다. 그 이유는 무엇일까? 우리가 자기의 죄나 가정의 죄를 숨기려 한다면, 우리는 번영하지 못할 것이다.

"자기의 죄를 숨기는 자는 형통하지 못하나 죄를 자복하고 버리는 자는 불쌍히 여김을 받으리라"(잠 28:13).

죄를 고백하면 형통할 것이다. 느헤미야는 자기 가족이나 민족의 죄악을 덮으려 하거나 부인하려 하지 않았다. 우리도 자신을 낮추고 우리나라에서 범한 죄들을 놓고 기도해야 한다. 죄를 고백할 때에는 우리 자신도 포함시켜야만 한다. 그래야만 치유가 이루어지기 때문이다.

느헤미야 9장을 보면 이스라엘 자손이 다 모여 죄악을 회개했다. 그래서 하나님은 그들의 땅을 치유하시고 그들을 깨끗하게 해주셨다.

"내 이름으로 일컫는 내 백성이 그들의 악한 길에서 떠나 스스로 낮추고 기도하여 내 얼굴을 찾으면 내가 하늘에서 듣고 그들의 죄를 사하고 그들의 땅을 고칠지라"(대하 7:14).

죄악을 치유하는 치료 방법은 아주 단순하다. 죄악을 자백하고 피로 씻음을 받으면 된다. 예수님은 우리의 죄악 때문에 상하셨다. 그 분은 우리의 죄를 담당하셨다. 그 분은 우리의 죄 때문에 상처를 입으셨고, 우리는 그 분의 상처에 의해서 치유함을 받는다. 그 분의 상처를 의지하지 않으면, 우리, 그리고 우리 국가는 계속 병든 상태에 머문다.

구원받은 것처럼 보인 시몬이 성령 세례를 받으려는 사람들에게 안수할 수 있는 은사를 팔라고 요청했을 때 베드로는 이 사실을 깨달았다.

"시몬이 사도들의 안수로 성령 받는 것을 보고 돈을 드려이르되 이 권능을 내게도 주어 누구든지 내가 안수하는 사람은 성령을 받게 하여 주소서 하니 베드로가 이르되 네가 하나님의 선물을 돈 주고 살 줄로 생각하였으니 네 은과 네가 함께 망할지어…내가 보니 너는 악독이 가득하며 불의에 매인 바 되었도다"(행 8:18-20, 23).

베드로는 "내가 보니 너는 죄악에 속박되어 있다. 너는 아직도 탐욕이라는 죄악에 붙잡혀 있다"라고 말했다. 시몬은 탐욕의 속박을 원하지 않았기 때문에 회개하고 베드로에게 자기를 위해 기도해달라고 요청했다. 때로 우리가 한 가지 죄악에 붙잡힐 수가 있는데, 그럴 경우 그 죄악을 고백하고 보혈로 깨끗함을 입어 거기서 해방되어야 한다.

가정의 죄악

예수님은 나쁜 나무와 좋은 나무, 그리고 가지치기를 하는 방법에 대해 말씀하셨다. 우리의 가계라는 나무가 좋은 열매를 맺으려면 도끼를 뿌리에 대야 한다. 하나님께서는 결코 악한 나무나 좋지 못한 나무를 원하지 않으신다.

구약 성경에 등장하는 여러 가정을 공부해보면 하나님께서 각 가정들을 위해 거룩한 운명을 예비해두고 계셨음을 발견할 수 있다. 가정의 지리학적 위치도 중요하지만 가정의 이름도 중요했다. 심지어 각 가정에서 생산하는 음식의 형태까지도 하나님께서 의도하신 바였다.

따라서 죄에 빠진 가정은 그 가정을 위한 하나님의 계획에서 빗나갈 수 있었다. 한 사람이 죄를 거듭 범하여 그것이 그 사람의 마음에서 하나의 성향이 되는 것이 죄악이다. 마귀는 우리 가정을 위한 계획, 즉 죄의 계획을 가지고 있다. 죄악은 대대로 전달될 수 있기 때문에 하나님이 그 가정을 위해 예비해두신 운명을 파괴할 수 있으며, 그렇게 되면 마귀가 정해놓은 운명이 득세하게 될 것이다.

야곱의 씨름

창세가 32장 27절에서 야곱과 씨름하던 천사는 야곱에게 "네 이름이 무엇이냐?"고 묻는다. 그 질문은 야곱을 부끄럽게 했다. 왜냐하면 그는 같은 죄를 계속 범했고 다른 사람의 권리를 거듭 침해해

왔기 때문이다. "탈취하는 자"라는 뜻을 가진 그의 이름은 신뢰해서는 안 될 사람을 지칭하는 것이었다. 그는 묵인하는 자요 음모자요 속이는 자였다.

야곱은 천사에게 자기의 이름이 야곱이라고 말했다. 말하기 싫었지만 야곱이 자신의 의심스러운 도덕적 성품을 인정했을 때 천사는 "네 이름을 다시는 야곱이라 부를 것이 아니요 이스라엘이라 부를 것이라"고 말해 주었다. 여기서 우리는 죄, 죄악, 허물에서 해방되는 유일한 방법이 그것을 자백하는 것임을 알 수 있다. 그렇게 할 때에만 하나님께서 우리, 우리 가정, 또는 우리 나라를 "야곱"이 아니라 "이스라엘"로 만들어 주실 수 있다.

예레미야 14장 20절은 "여호와여 우리가 우리의 악과 우리 조상의 죄악을 인정하나이다 우리가 주께 범죄하였나이다"라고 말한다. 나는 이 구절을 읽으면서 하나님께서는 자기 백성들이 자신의 죄악뿐만 아니라 조상들의 죄악까지 자백할 때 그들을 형통케 하신다는 것을 깨달았다.

자신이 행하는 일이 자손에게 영향을 미친다고 생각하고 싶은 사람은 한 사람도 없을 것이다. 우리는 자신이 행하는 행동들에 대해서 자유롭게 느끼며, 우리의 태도나 행위가 우리 자신에게만 영향을 미친다고 생각하려 한다. 그러나 출애굽기 20장 5절은 우리의 죄악이 우리 자녀와 손자, 심지어 민족들에게까지 전해질 것이라고 다짐한다.

아간의 범죄

약속의 땅에 들어간 이스라엘 민족은 여리고 전쟁에서 어떤 전리품도 취해서는 안 된다는 명령을 받았다. 그런데 아간은 그 명령을 어기고 바벨론 산 외투 한 벌과 은 이백 세겔과 금덩이를 훔쳐 감추어 두었다. 아간이 행한 일을 전혀 알지 못한 채 다음 전투에 참가한 이스라엘 백성은 그 전쟁에서 패하고 말았다.

하나님께서는 여호수아에게 진중에 죄가 있다고 말씀하셨고, 여호수아는 백성들에게 회개하라고 촉구했다. 하나님은 여호수아를 통해서 아간이 회개하여 아간 및 그의 가족들에게 발생할 일을 피할 기회를 주셨지만, 아간은 회개하지 않았다. 결국 아간과 그의 가족들은 모두 돌에 맞아 죽었다.

> "여호수아가 이스라엘 모든 사람과 더불어 세라의 아들 아간을 잡고 그 은과 그 외투와 그 금덩이와 그의 아들들과 그의 딸들과 그의 소들과 그의 나귀들과 그의 양들과 그의 장막과 그에게 속한 모든 것을 이끌고 아골 골짜기로 가서…온 이스라엘이 그를 돌로 치고 물건들도 돌로 치고 불사르고"(수 7:24, 25).

아간의 죄 때문에 그 자녀들도 심판을 받았다. 이것은 큰 비극이었다. 이것은 데살로니가후서에서 언급하는 바 대대로 작용하는

"불법의 비밀"을 묘사한다. 만일 그들을 죽이지 않았다면, 그 가계 내의 탐욕적인 "성향"은 후손들에게 대대로 유전되고, 이스라엘 민족에게 심각한 영향을 미쳤을 가능성도 있다. 만일 그들이 회개하고 피로 씻음을 받아 깨끗하게 되었으면 이러한 결과를 막을 수 있었을 것이다.

제사장의 죄

고라는 지도자인 모세와 아론에게 반역했다. 고라의 가계를 조사해보면, 고라는 장막에서 예배를 인도하는 지도자로 임명되었음을 알 수 있다. 그의 가문은 예배와 찬양을 드리며 성막에서 봉사하는 제사장 가문이었다. 하나님께서 고라의 가문에게 맡기신 일이 있었는데, 고라는 자신이 모세와 아론보다 더 신령하며 그들이 지도자가 되어서는 안 된다고 결정했다.

고라는 "우리가 지도자가 되어야 한다"라고 말했다. 그는 반역의 씨를 심기 시작했고, 사람들을 부추겨 모세와 아론을 거역하게 만들었다. 그러나 모세는 고라에게 대응하지 않고 기도했다. 모세가 기도한 후, 하나님께서 땅을 열어 고라를 삼키셨다.

"그가 이 모든 말을 마치자마자 그들이 섰던 땅바닥이 갈라지

니라 땅이 그 입을 열어 그들과 그들의 집과 고라에게 속한 모
든 사람과 그들의 재물을 삼키매"(민 16:31, 32).

매우 부끄러운 일이다. 고라의 자만심과 반역이 죄악이 되었기 때문에 그의 가계와 운명이 땅에 삼켜졌다. 고라의 아들들은 아버지의 반역에 참여하지 않았다. 그들은 아버지가 죄악의 길로 가고 있다고 해서, 자기들도 선례를 따라야 하는 것은 아니라고 생각했다.

고라의 아들들은 아버지의 편에 서지 않았기 때문에 그들은 땅에 삼켜지지 않았다. 그들의 계보를 추적해보면, 고라의 후손들이 다윗의 성막과 고대 세계의 7대 경이 중의 하나인 솔로몬의 성전에서 지도자로 일했음을 알 수 있다.

성경에는 고라의 아들들에 대해서 여러 번 언급된다. 그들은 대대로 예배 지도자로 일했다. 시편 52편은 고라의 아들이 쓴 것이며, 그 밖에도 고라의 아들들이 쓴 시편이 최소한 여덟 편이나 된다.

고라의 아들들은 의를 추구했으며 타락한 결과를 낳지 않았다. 그들은 경건한 사람이 되고, 하나님께서 그들을 위해 정하신 거룩한 운명을 따르기로 결정했다. 마귀는 죄악으로 그 가문을 멸망시키려 했을 것이다. 고라는 자신의 반역을 회개하지 않았지만, 그 아들들은 회개하고 저주에서 해방되어 하나님께서 그들을 위해 계

획하신 것을 이루었다.

아버지는 부패했지만 아들은 가문의 죄악의 길을 따르지 않은 또 다른 예로 사울과 그의 아들 요나단을 들 수 있다. 사울이 다윗을 시기하여 죽이려 했을 때에, 요나단은 다윗을 보호해 주었다. 사울의 내면에 있는 죄악이 요나단에게 전해질 수도 있었지만 요나단이 그렇게 하지 않은 것은 정말 대단할 일이었다.

사울과 요나단은 모두 전쟁터에서 죽었다. 그러나 요나단은 다윗과 언약을 맺었었기 때문에 가문에 대한 축복이 확보되어 있었다. 왕이 된 다윗은 요나단의 가문을 축복하려고 그 후손에 대해 알아보았다. 그리하여 요나단의 아들 므비모셋을 찾아내어 그에게 사울의 땅을 돌려주고 날마다 왕의 식탁에서 음식을 먹게 해주었다.

"다윗이 왜 므비보셋을 축복했을까?"라고 묻는 사람도 있을 것이다. 그것은 다윗이 므비보셋의 아버지 요나단과 맺은 언약 때문이었다. 우리가 좋은 씨앗을 뿌릴 때에 가계의 축복이 시작된다. 요나단은 아버지의 죄악을 택하지 않음으로써 하나님의 축복을 선택했고, 그의 후손은 그 혜택을 누렸다.

요나단은 다윗이 왕으로 기름부음을 받았음을 알았다. 즉 그는 자연적인 것을 보지 않고 초자연적인 것을 보았다. 만일 요나단이 자연적인 행동 방식을 고집했다면, 그 역시 아버지 사울과 마찬가지로 질투하고 크게 노했을 수도 있었을 것이다. 자연적인 유전의 법칙에서는 맏아들이 아버지의 자리를 물려받는다고 말한다. 그러나 요나단은 하나님의 길을 선택하여 좋은 열매를 맺는 가문을 세웠고, 그 열매는 후손들에게로 전해졌다.

아론의 아들들

아론에게는 아들 넷이 있었는데, 그 중 둘이 술에 취해서 여호와 앞에 다른 향을 바쳤기 때문에 하나님의 불이 그들을 삼켜 버렸다. 하나님께서는 그들이 옳지 못한 일을 행하여 죽었으므로 아론에게 그들의 죽음을 슬퍼해서는 안 된다고 말씀하셨다. 그들의 죄악이 아론의 제사장직을 파괴할 수도 있었을 것이다. 그러나 아론의 나머지 두 아들은 경건했고 아론의 제사장직은 전체적으로 훌륭했다. 하나님께서 두 아들을 죽이신 이유를 아론이 받아들였기 때문에 그들은 죄악에 빠지지 않았다.

제사장 엘리는 아론과는 정반대의 행동을 했다. 하나님께서는 엘리에게 아들들의 행위에 대해 경고하셨다. 그들은 창녀와 동침하고 백성들이 하나님께 가져온 제물들을 더럽히고 백성들이 보는 앞에서 하나님을 모독했다. 그러나 엘리는 이러한 행위에 대해서 아무런 조처도 취하지 못했다. 그리하여 그들의 죄악이 가득 찼을 때에 하나님께서는 엘리의 혈통을 끊어버리셨다. 하나님께서 정해

주신 운명은 제사장직이었지만, 그들의 죄악이 그들을 파멸하게 만들었다.

국가적 저주가 그렇듯이, 제사장들에게 임한 저주 역시 회개를 통해서 깨뜨려야만 한다. 엘리가 회개하지 않았기 때문에 죄악이 대대로 전달되어 마침내 엘리의 가문이 멸절하게 되었다. 죄악은 대를 이어 내려 갈수록 더 악화되기 때문에 하나님께서는 죄악을 멸하신다. 저주를 깨뜨리는 방법은 죄악을 인정하고 회개하고 피를 받아들이는 것이다.

제3장

가계의 뿌리를 살펴야 한다

모든 식물의 토대는 그 뿌리이다. 우리가 어떤 식물들의 뿌리를 살펴보면, 처음에 나는 뿌리는 아주 미세하다. 그러나 식물이 성장하면서 뿌리는 점점 더 굵어지고 색깔도 짙어지는데, 사람이 매달려서 그네를 타고 될 정도로 굵어지기도 한다.

같은 원리가 사람의 가계와 그 가계의 죄악에도 적용된다. 지금 우리의 가정을 지배하고 있는 분노, 우울, 또는 다른 죄악의 영역에서 우리, 또는 사랑하는 사람이 경험하고 있는 문제는 최초에는 우리 가계의 뿌리에서, 즉 여러 세대 전에 "죄"를 향한 성향을 지녔던 먼 조상에게서 시작된 것이다.

내면 깊은 곳에 뿌려진 씨

조상들의 죄악들은 종종 우리 영혼(지·정·의)이라는 흙에 깊이 뿌려진 좋지 않은 씨앗들과 같다. 때로 우리가 태어나기도 전에 우리 안에 그런 씨앗들이 뿌려지기도 한다. 어떤 씨앗들은 어린 시절의 경험을 통해서 심겨진다. 어떤 씨앗은 동면 상태에 머물러 있으면서 싹을 내지 않는다. 그러나 어떤 씨앗들은 적절한 환경이 주어지면 싹을 내고 자라서 튼튼한 나무가 되어 악한 열매 또는 바람직하지 않은 열매를 맺는다.

우리가 조상들로부터 혈통적으로 유전되어온 이러한 좋지 못한 경향이나 약점들에 따라 행동하고 그것들을 자라게 한다면, 씨앗들은 아주 큰 나무로 자라서 우리의 삶을 지배하는 강력한 열매를 맺기도 한다.

악한 씨앗의 원천은 무엇인가? 예수님은 마태복음 13장에서 밀과 가라지의 비유를 말씀하셨다. 주님은 천국은 밭에 좋은 씨를 뿌리는 농부와 같으며, 농부가 씨를 뿌린 후에 원수가 와서 그 사이에 가라지나 좋지 못한 씨앗을 뿌려 놓는다고 하셨다. 예수님의 의도는 하나님의 자녀들과 마귀의 자녀들이 함께 존재하며, 마지막에 인자가 그 사자들을 보내어 둘을 분리한다는 것이다. 이 비유에서 우리는 악한 씨를 뿌리는 것은 마귀임을 알 수 있다. 가계에 흐르는 저주들도 마귀의 역사이다.

대대로 후손에게 전해지는 악한 사역의 배후에 있는 자가 누구인지를 이해하게 되면, 가계에 흐르는 저주를 끊는 가장 효과적인 방법은 땅 밑에 있는 그 나무의 뿌리를 제거하는 것임을 깨달을 수 있다. 우리가 뿌리를 잘라낼 수 있으면, 나무는 죽을 것이다. 그렇지 못하면 죄악은 다시 잎을 낼 것이다.

악한 나무의 뿌리는 무엇일까? 그것들은 어디서 온 것일까? 어떻게 하면 그것들을 없앨 수 있을까? 세례 요한은 이 질문에 대한 답변을 다음과 같이 했다.

> "이미 도끼가 나무 뿌리에 놓였으니 좋은 열매 맺지 아니하는 나무마다 찍혀 불에 던져지리라"(눅 3:9).

우리 가계에 흐르는 죄악의 뿌리는 조상들의 죄와 죄악 안에서 발견할 수 있다. 어떤 사람들은 자기 가문을 사랑하기 때문에 쉽게 이 사실을 받아들이려 하지 않을 것이다. 나 역시 내 가족들을 사랑하지만, 그렇다고 해서 그들의 죄악에 동조하지는 않는다.

골방에서 새어나오는 악취

좋지 않은 나무란 우리 자신의 삶에서 발견할 수 있는 죄악의 속박을 나타내며, 나무의 열매는 상습적인 죄들, 즉 죄악들을 나타낸다. 이것들은 반복되는 실패와 망쳐버린 열매의 영역이다. 우리가 참여 여부와는 상관없이, 어떤 악한 열매는 존재한다. 예를 들어 우리가 한 번도 동성연애를 한 적이 없지만 우리에게 동성애 경향이 있을 수는 있다.

이제 그러한 숨은 죄와 죄악들은 골방에서 꺼내어 드러내야 한다. 우리 가계의 뿌리를 밝혀 드러내려면, 우리 부모님들에 대한 조사부터 시작해야 한다. 본 장 마지막에 있는 것과 비슷한 나무 모양의 도표를 그려 보자. 우리 아버지에게서부터 시작하자. 자신에게 "내 아버지의 삶에서 내가 알고 있는 죄, 습관, 또는 실패는 어떤 것이 있는가?"라고 질문해보자. 이러한 관점에서 아버지를 조사하는 것이 꺼림칙하다면, 이렇게 하는 목적은 아버지를 정죄하거나 아버지의 죄를 폭로하려는 것이 아니라 우리가 물려받은 저주나 죄악의 근원을 파악함으로써 우리의 삶에 나타난 문제들을 바로잡으려는 것임을 상기해야 한다.

아버지의 죄와 죄악의 목록을 작성하자. 다음에는 할아버지에 대해서도 같은 과정을 밟아 목록을 작성한다. 아버지 쪽의 조상들에 대해 살펴본 후에는 어머니 쪽에 대해서도 같은 과정을 밟는다. 중요한 것은 가계라는 나무에 달린 열매와 관련하여 조상들의 죄와 죄악들을 바라보아야 한다는 것이다. 조상들의 죄와 죄악의 목록을 작성하면서, 우리는 자신의 삶에서 또 다른 죄악의 영역을 발견하게 될 수도 있다.

우리가 입양되었거나 부모님이나 조부모에 대해서 아는 것이 전혀 없더라도, 우리 자신의 삶에서 파악한 가계에 흐르는 저주들의 목록을 작성해보자. 우리는 이러한 특성들은 조상들의 죄에서 출발되었다고 믿을 수 있다. 가계도를 작성한 후에는 다음의 두 가지 중 하나가 발생할 것이다. 악한 나무의 실체 및 그 중요성에 경악하거나, 아니면 그 나무에 다른 열매를 추가해야 할 필요성을 인식하게 될 것이다.

못쓰게 된 열매

우리는 우리의 가정생활과 개인생활에서 많은 혈통적 죄악이 작용하고 있음을 발견할 수도 있다. 거기에는 몇 가지 특수한 저주들이 포함된다: 자손을 생산하지 못함(신 28:18), 이혼과 간음(신 28:32), 자녀의 배반, 또는 자녀를 잃음(신 28:32), 빚(신 28:44).

혈통을 통해서 유전되는 육체적인 저주들도 있다. 간혹 어떤 사람의 삶에서 죄의 직접적인 결과로 병이 생기기도 한다. 예를 들어 보면 어떤 연구에서는 관절, 신장, 담낭 등에 생기는 질병을 앙심, 또는 용서하지 않는 죄와 관련짓기도 한다.

때로 다른 사람의 말에 의해 저주가 임할 수도 있다. 이것은 권위를 지닌 사람이 다른 사람의 삶에 대해 말로 하는 언어 저주인데, 여기에는 부모, 조부모, 의사, 교사, 심지어 목사와 같은 종교 지도자들도 포함된다. 예를 들어 "너는 멍청이야"와 같은 언어 저주는 상대방의 영혼을 공격하며, 다음 세대로 유전될 수 있다.

가계에 흐르는 저주를 의미하는 상징들

역사적으로 성경과 문학에서는 어떤 인물, 장소, 또는 사물에 대한 정신적 이미지나 "그림"을 독자에게 제공하기 위해서 상징을 사용해왔다. 어떤 사물의 정신적 그림을 형성하거나 형상화할 수 있다면, 그것을 보다 쉽게 기억할 수 있다는 것은 이미 증명된 사실이다.

성경에서 하나님은 동물들을 상징으로 사용하신다. 하나님은 옛 선지자들에게 꿈을 주시곤 했는데, 많은 경우 그러한 꿈들은 그들에게 주는 영상 언어picture language였다.

성경에서 예수님은 유대 지파의 사자로 묘사된다. "으르렁거리며 사냥감을 찾아다니는 사자" 처럼 이리저리 돌아다니는 마귀와는 달리, 예수님은 진정한 밀림의 왕이다. 성경에서는 그 분을 왕 중 왕, 만 주의 주라고 언급한다.

우리 부부는 최근에 아프리카의 짐바브웨를 다녀왔다. 그 지역 주민들은 토템이라는 것을 가지고 있었다. 토템은 부족의 상징들이다. 각 부족마다 자기들을 상징하는 토템을 가지고 있다. 예를 들어 뱀을 토템으로 섬기는 부족이 있었는데, 그 부족의 각 가정의 뒷마당에는 뱀이 사는 나무가 있었다. 그 부족들은 밤중에 그들의 신이 뱀이 그 토템을 떠났다가 날이 밝기 전에 돌아온다고 믿는다.

일반적으로 우리나라나 성경에서는 결코 뱀을 신으로 보지 않는다. 뱀은 비열하고 교활한 짐승이다. 그러나 일부 아프리카 국가에서는 뱀을 신이라고 여기기 때문에 뱀을 잡아 먹지도 않는다. 그들은 샘의 본성 또는 영이 그들 안에 들어온다고 말한다. 프레이저 Basil Frasure는 자신의 저서 『악한 나무를 죽이는 방법』 *How To Destroy the Evil Tree*에서 부정한 동물들의 목록이 있는데, 그 동물들은 가계에 들어와서 대대로 전해지는 부정함이나 죄악의 상징이다.

도마뱀

도마뱀은 겁이 많은 동물이다. 그것은 재빠르게 움직이며 아주 작은 움직임이나 소리만 들려도 펄쩍 뛰어 오른다. 도마뱀은 모든 것을 두려워한다. 사람들 중에도 이런 사람들이 있다. 그들은 두려움으로 가득하여 모자가 떨어지는 소리에도 도망할 정도이다.

우리 가족들 중에도 이런 사람들이 있는데, 나는 우리 가정에 두려움이라는 죄악이 드려져 있다고 생각한다. 우리 가문의 많은 사람들은 앞으로 무슨 일이 일어날지, 또는 일이 잘못되어 자기들이 이제까지 힘들게 얻은 것을 모두 잃으면 어떻게 할 것인지 등으로 염려한다. 내 부모님, 조부모님, 나 자신, 그리고 나의 자녀들에게도 이런 성향이 있다.

물론 나는 이러한 성향을 싫어한다. 이러한 성향은 하나님을 두려워하여 경외하는 것과는 다른 것이다. 한 가계에서 각각의 세대

안에서 떠오르는 두려움은 공포심이 되어 우리를 에워싼 환경과 마귀가 하나님보다 더 크다고 속삭인다. 당신의 가계에 두려움이 하나의 죄악으로 존재한다고 생각되는가? 당신의 뒷마당에 도마뱀을 토템이나 가문의 상징으로 모시고 있지는 않은가?

박쥐

박쥐는 밤에만 활동한다. 그 이유는 눈이 보이지 않기 때문이다. 우리 주변에는 영적인 어둠 속에서 사는 가정들이 많다. 우리가 아무리 열심히 증거해도 그들은 하나님의 말씀의 빛을 보지 못한다. 많은 가정들을 몰락하게 만들 위기 속에 있으면서도 영적으로 소경인 가정은 앞으로 닥칠 일을 알아차리지 못한다. 그들의 주위에는 그들을 어둠 속에 거하게 만드는 눈에 보이지 않는 담이 둘려 있는 것 같다. 사도 바울은 다음과 같이 말했다.

> "…너희가 듣기는 들어도 도무지 깨닫지 못하며 보기는 보아도 도무지 알지 못하는도다 이 백성들의 마음이 우둔하여져서 그 귀로는 둔하게 듣고 그 눈은 감았으니 이는 눈으로 보고 귀로 듣고 마음으로 깨달아 돌아오면 내가 고쳐 줄까 함이라 하였으니"(행 28:26, 27).

이 구절에서 "우둔하여져서"는 "두꺼워지다, 또는 무감각해지다"라는 의미이다. 다시 말하자면 어떤 사람이 진리의 복음을 거부하고 마음을 굳게 하여 하나님의 일을 받아들이려 하지 않을 때에 영적인 소경 상태가 시작 된다. 이것이 발달되면 후손들에게 대대로 전달되는 영적 소경 상태와 죄악이 된다.

내 친구의 남편은 영적인 일에 대해서 정말로 장님이었다. 그를 아무리 영감 있는 교회에 데려가도 사람은 아무 것도 얻지 못했다. 예수께서 그 사람에게 말을 거셨어도 감명을 주실 수 없었을 것이다. 복음은 그의 본성적 이해력 저 너머에 있는 것 같았다. 그 사람의 아버지와 할아버지도 마찬가지였다.

심령 상태가 그렇기 때문에 그 가정에서 한 사람이 주 예수 그리스도의 구원하는 지식에 접하지 않는 한 그 가정은 계속 어두움 속에 머물러 있을 것이다. 마귀는 어둠 속에서 일한다. 그러나 빛이 임하면, 어두움은 사라지고 마귀의 정체가 드러난다. 마귀는 패배한 원수요 거짓말하며 배회하는 자이다. 시편 119장 130절에서는 "주의 말씀을 열므로 우둔한 자에게 비춰어 깨닫게 하나이다"라고 말한다. 일단 한 가정을 지배하던 어두움의 세력이 파괴되면, 그 가정의 구성원들은 영적 소경됨에서 해방될 수 있다.

뱀

뱀은 거짓과 기만의 상징으로 사용되어 왔다. 창세기에서부터 계시록에 이르기까지, 사탄은 거짓말쟁이와 미혹하는 자로 묘사된다. 성경에서 사탄이 처음 등장하는 곳은 창세기인데, 사탄은 에덴 동산에서 아담과 하와를 미혹했다. 뱀은 거짓말과 기만이라는 파괴적인 경향을 상징한다.

인종적 편견은 이미 가정이나 국가들 속에서 죄악이 된 속임수이다. 지금까지 인종 문제나 종족 문제로 많은 전쟁이 있었고 지금도 그러하다. 나는 여섯 살 때 할아버지와 할머니가 하시는 인종적인 논평을 귀동냥으로 들은 적이 있다. 나는 그분들을 극진히 존경했지만, 그 말을 듣는 순간 속으로 "그것은 옳지 않아."라고 소리쳤다. 할아버지와 할머니는 자기들이 비방하는 사람들을 내가 사랑하고 있다는 의미를 함축한 별명으로 나를 부르기 시작하셨다.

그 분들은 인종적 편견 때문에 마귀에게 미혹되어 있었다. 그 분들이 빠졌던 미혹은 그 분들의 자손들에게로 전해졌다. 그런데 감사하게도 나에게는 전해지지 않았다. 그래서 나는 그러한 형태의 가계의 죄악을 따르지 않았다.

올빼미

올빼미는 지혜와 지식의 상징으로 사용되어 왔다. 우리가 사는 마을의 도서관에서는 독서를 장려하면서 올빼미가 그려져 있는 책갈피를 주곤 했었다. 그러나 가계도에서 올빼미는 거짓된 지식을 상징한다.

성경에 기록된 최초의 죄는 지식을 구한 죄였다. 하와는 선악과의 열매를 먹고픈 유혹을 받았다. 뱀은 하와가 그 나무의 열매를 먹으면 하나님처럼 되어 선과 악을 알게 될 것이라고 말했다.

> "뱀이 여자에게 이르되 너희가 결코 죽지 아니하리라 너희가 그것을 먹는 날에는 너희 눈이 밝아져 하나님과 같이 되어 선악을 알 줄 하나님이 아심이니라 여자가 그 나무를 본즉 먹음직도 하고 보암직도 하고 지혜롭게 할 만큼 탐스럽기도 한 나무인지라 여자가 그 열매를 따먹고 자기와 함께 있는 남편에게도 주매 그도 먹은지라"(창 3:4-6).

내가 아는 사람 중에 사탄숭배에 빠진 상태에서 성장한 여인이 있다. 그 여인은 어렸을 때 사탄에게 바쳐졌는데 머리에는 온통 사탄에 대한 거짓된 지식이 가득했다. 그 여인의 어머니와 오빠가 거듭나면서 그들은 그 여인을 교회에 데려가기 시작했다. 그 여인은 마치 검은 구름이 머리 위에 드리워 있는 것 같은 상태로 예배당에 앉아 있곤 했다. 그 여인은 죽음의 표정을 짓고 있었다.

그 여인은 예배에 참석할 때마다 두통을 느끼곤 했지만 계속 예배에 참석했다. 그러던 중 어느날 밤 하나님의 말씀의 빛이 그 여인을 속박하고 있던 어두움을 꿰뚫고 들어왔다. 지금 그 여인은 우리

교회에서 가장 훌륭한 교인들 중의 한 사람이다. 그 여인은 사탄이 신이라는 거짓된 지식과 사교로부터 해방되었다.

독수리

독수리는 부정한 새이다. 독수리를 죽은 짐승들과 연관된다. 독수리는 선천적으로 부패하기 시작한 짐승들의 고기를 먹는다. 서양의 영화에서는 죽음을 나타내는 장면에 독수리들이 등장하곤 한다. 독수리는 죽어가는 짐승을 보면 그 위를 맴돌면서 숨이 끊어지기를 기다린다.

가계도에서 독수리는 죽음과 관련된 성향을 표현하는 상징이다. 거기에는 살인이나 자살을 하는 경향들도 포함된다.

현대 사회에서는 자살이나 살인이 자주 발생한다. 우리는 어떤 가정에서는 혈통적으로 자살이나 폭력이 빈번하다는 말을 듣곤 한다. 들은 바에 의하면 어떤 가정에서 어머니가 약을 과용했고, 그 아들은 살인을 했고, 또 그의 아들은 살인하고 자살했다고 한다. 매우 비극적인 일이다. 그러나 이것은 한 가계에서 발견할 수 있는 많은 죄악들 중 하나에 불과하다.

개구리

개구리는 한 가계 내의 육욕적, 혹은 성적인 죄를 상징한다. 본질적으로 개구리들은 번식력이 뛰어나고 땅에서 튀어 오르는 데 능하다. 사람들 중에도 개구리와 같은 사람들이 있다. 그들은 아무 생각도 없이 일을 저지르며 심지어 상대를 가리지 않고 성관계를 갖는다.

에이즈의 위협이 절정에 달해 있음을 볼 때 성범죄가 세계 곳곳에서 횡행하고 있다는 데 많은 사람이 동의할 것이라고 확신한다. 포르노, 동성연애, 어린이에 대한 이상 성욕 등이 빈번하게 발생한다. 이 죄악이 사회 구석구석에 자리잡고 있기 때문에 모든 가정과 민족이 그 영향을 받고 있다.

가계 안에 있는 성적인 죄악은 반드시 대처해야 할 실질적인 강력한 죄이다. 왜냐하면 그것은 실제로 대대로 내려가면서 그 가문의 사람들을 노예로 삼기 때문이다.

"너희 자신을 종으로 내주어 누구에게 순종하든지 그 순종함을 받는 자의 종이 되는 줄을 너희가 알지 못하느냐 혹은 죄의 종으로 사망에 이르고 혹은 순종의 종으로 의에 이르느니라"(롬 6:16).

"창녀와 합하는 자는 그와 한 몸인 줄을 알지 못하느냐 일렀으되 둘이 한 육체가 된다 하셨나니…사람이 범하는 죄마다 몸 밖에 있거니와 음행하는 자는 자기 몸에 죄를 범하느니라"(고전 6:16, 18).

이집트 사람들은 성적인 죄를 많이 범했다. 그들이 숭배한 짐승들 중 어떤 것은 그들이 범한 성적인 죄의 형태와 관련이 있었다. 어떤 의미에서 그들은 뒷마당에 토템을 모시는 아프리카 사람들과 흡사했다. 하나님께서는 재앙을 보내어 이집트 사람들을 심판하셨다. 많은 가문들이 성적인 죄 때문에 완전히 사라졌다. 그러나 우리의 가계에는 이런 일은 발생하지 않을 것이다. 하나님께서는 이미 회개와 용서와 예수님의 보혈을 통해서 피할 길을 예비해주셨다.

거미

거미는 거미줄을 친다. 우리가 아무리 깨끗이 집안을 청소해도 한쪽 후미진 구석에서 거미를 발견하게 된다. 만일 거미줄만 제거하고 거미를 죽이지 않는다면, 거미는 다른 곳에 거미줄을 만들 것이다. 거미들은 자기 영역을 주장하는 습성이 매우 강하다. 거미들은 거미줄을 통해서 "이곳은 내 영역이다. 다른 거미들은 이 영역을 차지할 수 없다"라는 의사를 전달한다. 사람이 자아낼 수 있는 가장 강력하고 위험한 거미줄은 소유욕이다. 가계 내의 거미줄 안에 있는 거미는 탐욕, 이기심, 질투 등을 상징한다.

"돈을 사랑함"이 모든 악의 뿌리가 된다(딤전 6:10). 탐욕, 이기심, 질투 등은 서로 편승하여 나타난다. 탐욕은 이기적 행동 행위를 낳으며, "나는 이것을 다른 사람과 나누지 않고 독차지하고 싶다. 이것은 나만을 위한 것이다. 이것은 겨우 내가 쓸 정도밖에 안 돼"라고 말한다. 탐욕과 이기심이 협력하여 한 팀이 된 후에 질투가 끼어든다. "네 것이 내 것보다 더 많다. 나는 네가 가진 것도 갖고 싶다."

모든 국가에 탐욕이 가득하다. 우리 사회는 협력을 지향하는 사회가 아니다. 모두들 자기 자신만을 주장한다. 성공과 물질적인 행복이 돈과 동등시되기 때문에 탐욕은 거의 모든 가계에서 유전되는 강력한 죄악이다. 사람들은 우리가 가진 돈이 많기만 하면 어떤 방법으로 그 돈을 벌었든지 개의치 않는다.

많은 가정이 이 죄악 때문에 멸망한다. 거미와 거미줄의 경우에서처럼, 단지 거미줄을 제거한다고 해서 이러한 가문의 죄악은 삭제되지 않는다. 거미도 제거해야 한다. 그렇지 않으면 거미는 우리의 집의 다른 곳—우리 가계의 다음 세대—로 가서 훨씬 더 크고 튼튼한 거미줄을 만들 것이다.

전갈

전갈은 큰 고통을 주는 곤충이다. 그렇기 때문에 전갈은 고통을 지향하는 경향을 상징한다. 가계 내에서 이 경향은 자기 연민의 형태로 발견된다.

과거의 정서적 상처와 고통에 집착하는 경향을 가진 사람들이 많다. 그들은 "아, 슬프다"라는 태도를 갖고 있으며, 자기의 상처를 핥는 데서 큰 위로를 받는다. 그들에게 예수님이 이미 그들의 근심과 슬픔을 대신 지셨다고(사 53:4) 말하려 하면, 그들은 화를 낼 것이다. 결국 "우리는 그들이 얼마나 심하게 상처를 입었고 지금도 고통을 당하고 있는지 이해할 수 없을 것이다."

많은 기독교인들이 과거의 정서적 고통을 지니고 살아가고 있다. 어떤 사람들은 무의식중에 그렇게 하고, 어떤 사람들은 스스로 그런 삶을 선택한다.

말벌

말벌 역시 고통을 준다. 그러나 말벌은 성을 내는 것, 그리고 무섭게 공격하는 것으로 유명하다. 그렇기 때문에 말벌은 분노, 격분, 원한, 복수심 등을 상징한다.

가계에 이런 종류의 죄악을 지닌 사람들은 아주 작은 일에도 화를 낸다. 그들은 매우 부정적인 사람들로서 항상 화를 내거나 미워할 대상을 찾는다. 그들에게는 친구도 거의 없다. 분노는 대대로 내려갈수록 더 심해지는 것을 볼 수 있다.

거북이

혹시 당신은 거북이처럼 느리지 않은가? 사람들은 거북이를 하나님이 만드신 동물들 중에서 행동이 가장 느린 동물로 생각한다. 어려움이 닥치면 거북이는 머리를 딱딱한 껍질 속에 집어넣는다. 인간 사회에도 거북이와 같은 가정들이 있다. 그들은 성취하는 것이 거의 없다. 종종 자기가 나서야 할 때에 책임을 회피한다. 가계에서 거북이는 게으름과 미루는 버릇을 상징한다.

지금까지 우리가 자신의 삶이나 가계에서 발견할 수 있는 죄악된 성향을 상징하는 부정한 동물들을 살펴보았다.

고백의 기도

이제 독자들은 우리 모두가 특정한 가계의 죄악들을 물려받아 소유하고 있다는 것을 이해할 것이다. 또 죽어 장사 지낸 바 되었다가 부활하신 예수로부터 우리가 물려받은 축복 안에서 우리 자신 및 우리의 자손들이 자유로이 걸어갈 수 있다는 사실도 깨닫게 되었을 것이다. 큰 소리로 이렇게 기도해 보자.

"아버지여, 나에게 여러 가지 죄악이 있음을 자백합니다. 오늘 내가 죄를 고백할 때 당신께서 신실하고 공정하게 나를 용서해 주시니 감사합니다. 내 죄악들을 회개합니다. 내 죄와 죄악을 회개할 뿐만 아니라, 내 부모님과 조부모님들이 행한 죄도 회개하며 그들을 용서해 주시기를 요청합니다. 나도 그 분들을 용서합니다. 나는 그 분들을 비난하지 않습니다. 나는 보혈의 씻음을 받아들입니다. 나는 마귀를 결박하여 내 가계에서 쫓아냅니다. 예수님의 이름으로 기도합니다. 아멘."

예수 그리스도께서 완성하신 사역을 통해서 우리는 가계에서 흐르는 저주들이 깨졌음을 선포할 권위를 지닌다.

제2부

가계에 흐르는 저주를
축복으로 바꾸시는 하나님

제4장

믿는 자에게 주시는 약속:
저주로부터의 구원

죄를 분명히 식별할 수는 없지만 예상할 수는 있다. 되풀이하여 행해지는 죄는 마음에 심겨진 잡초와 같다. 그것의 실체를 제대로 인식하고 대처하지 않는 한, 그것들은 거듭 다시 나타날 것이다. 죄악은 잡초의 씨와 같다. 그것들은 죽었다가 이듬해(다음 세대)에 다시 살아날 것이다. 그 씨를 우리가 심었든지, 우리의 부모, 또는 조부모가 심었든지 결과적으로 우리는 가계에서 유전되는 결점들 혹은 가문의 죄악들을 거두게 된다.

"까닭 없는 저주는 참새의 떠도는 것과 제비의 날아가는 것 같이 이르지 아니하느니라"(잠 26:2).

"그것들에게 절하지 말며 그것들을 섬기지 말라 나 여호와

너의 하나님은 질투하는 하나님인즉 나를 미워하는 자의 죄를 갚되 아비로부터 아들에게로 삼사 대까지 이르게 하거니와"(출 20:5).

죄의 법은 하나님을 미워한 조상들의 죄가 삼사 대에까지 계속될 것이라고 말한다. 하나님을 사랑하는 우리들은 어떻게 될까? 하나님께서는 우리를 위해서 죄악의 저주를 끊고 축복을 받도록 섭리하셨다. 죄악이 혈통을 통해서 전해지듯이, 우리는 피를 통해서, 하나님과 우리 사이에 맺은 언약의 피의 제물을 통해서 죄악의 법에서 면제된다. 옛 언약에서는 숫송아지와 염소가 제물이었지만, 새 언약에서는 예수님의 보혈이 우리를 죄와 죄악에서 깨끗하게 해준다.

우리는 이제 더 이상 죄악과 가계에 흐르는 저주에 속박되어 살지 않으며 죄에 정복되지 않아도 된다. 왜냐하면 예수께서 우리의 "죄를 대신하는 제물"과 우리의 죄악을 대신할 속죄양이 되셨기 때문이다. 예수께서는 우리의 죄악을 가져 가셔서 망각의 바다에 묻으셨다. 우리는 옛 약속의 "전형들"과 "그림자들"이 아니라 그보다 더 좋은 것을 가지고 있다. 우리는 예수 안에서 보다 좋은 언약을 소유한다.

"저녁 먹은 후에 잔도 그와 같이 하여 이르시되 이 잔은 내 피로 세우는 새 언약이니 곧 너희를 위하여 붓는 것이라"(눅 22:20).

예수께서 친히 우리 죄악의 저주를 담당하셨다. 우리가 저주에서 해방되어 축복을 받도록 하기 위해서 주님이 저주를 받으셨다.

"그리스도께서 우리를 위하여 저주를 받은 바 되사 율법의 저주에서 우리를 속량하셨으니 기록된 바 나무에 달린 자마다 저주 아래에 있는 자라 하였음이라"(갈 3:13).

우리의 해방을 알리는 대헌장

가계의 저주와 죄악에서 우리가 얻은 자유와 구원을 증명하는 문서인 해방 선언은 이사야 53장 5절과 11절에서 발견된다.

"그가 찔림은 우리의 허물 때문이요 그가 상함은 우리의 죄악 때문이라 그가 징계를 받으므로 우리는 평화를 누리고 그가 채찍에 맞으므로 우리는 나음을 받았도다…그가 자기 영혼의 수고한 것을 보고 만족하게 여길 것이라 나의 의로운 종이 자기 지식으로 많은 사람을 의롭게 하며 또 그들의 죄악을 친히 담당하리로다"(사 53:5, 11).

예수께서 우리의 죄악 때문에 상하신 이유는 무엇인가? 우리의 죄악, 유전된 약점들은 마치 멍과 같기 때문이다. 앞에서 살펴본 바와 같이, 우리 몸에 멍이 들면 피부의 색깔이 변한다. 일반적으로 처음에 멍이 들 때에 가장 아프고, 그 다음에 피부가 퍼렇게 된다. 뼛속까지 멍이 들 수도 있다. 우리 심령의 멍—죄악들—은 죽음, 학대, 마음의 상처 등의 위기와 더불어 시작될 수 있다. 그것들은 처음에는 하나의 죄로서 시작되어 자손에게로 전달된다. 꿰맬 수 있는 상처나 접골할 수 있는 골절상과는 달리, 멍이 든 것은 낫게 할 방법이 없다. 의사는 멍이 든 채로 지내다 보면 서서히 없어질 것이라고 말할 것이다.

의사의 말은 우리의 몸이 스스로 건강을 회복하게 될 것이라는 의미이다. 우리 몸의 피는 세포에 양분을 공급해주고 노폐물을 거두어간다. 피가 멍든 곳에 건강을 가져다주고 못쓸 것들을 거두어가듯이, 우리 마음의 멍을 낫게 하고 우리의 죄악을 제거하기 위해서는 예수님의 피가 필요하다. 마음에 든 멍은 저절로 낫는 것이 아니므로, 완전히 낫게 하려면 그리스도의 피를 발라야 한다.

멍든 과일에게 발생하는 과정이 더 좋은 예가 될지도 모르겠다. 사과를 바닥에 떨어뜨리면 사과는 멍이 든다. 멍이 든 사과는 색깔이 변하고 썩기 시작하며 결국 사과 전체가 못쓰게 된다.

예수님의 도움을 받지 못하면 우리는 자신의 죄악으로 인해 받은 멍 때문에 썩게 되고, 우리의 삶 전체가 못쓰게 될 것이다. 그러나 예수께서 우리의 멍, 즉 우리의 죄악을 담당하셨다.

> "주의 성령이 내게 임하셨으니 이는 가난한 자에게 복음을 전하게 하시려고 내게 기름을 부으시고 나를 보내사 포로 된 자에게 자유를, 눈 먼 자에게 다시 보게 함을 전파하며 눌린 자를 자유롭게 하고"(눅 4:18).

육체적 고통과 가계에 흐르는 죄악

육체적 고통이 가계에 흐르는 죄악의 결과일 수도 있다는 사실을 의사들은 인정한다. 환자가 어떤 질병의 징후를 나타내면, 의사들은 그 질병과 관련하여 가계의 병력을 알려 한다. 관절염, 당뇨병, 심장 질환의 요인이 가계에 흐르고 있을 수도 있다.

내가 23살 때에 의사는 나에게 "당신의 심장이 비대해져 있는데, 아무런 조처를 취할 수 없습니다"라고 말했다. 그 말을 듣고 나의 믿음은 약간 흔들렸다. 그 즉시 마귀는 나의 아버지도 심장병에 걸렸었으며, 이제 나에게도 같은 일이 일어날 것이라고 속삭였다.

마귀는 그 거짓말에 내가 어떤 반응을 나타내는지 숨을 죽이고 지켜보았을 것이다. 그 당시 나는 햇병아리 신자였지만 하나님의 말씀을 알고 있었기 때문에 육체적 질병의 치유를 위해 믿음 안에

설 수 있었다. 물론 내 아버지도 심장병을 앓으셨지만, 예수께서 우리 가계의 죄악을 거두어 가시고 축복을 주시며, 생명을 위협하는 모든 병마에서 나를 자유롭게 해주기 위해서 오셨음을 알고 있었다.

나는 남편과 함께 기도했다. 우리는 이사야 53장 5절과 시편 103장 3절과 4절에서 발견되는 약속 위에 섰다.

"…그가 징계를 받으므로 우리는 평화를 누리고 그가 채찍에 맞으므로 우리는 나음을 받았도다

"그가 네 모든 죄악을 사하시며 네 모든 병을 고치시며 네 생명을 파멸에서 속량하시고 인자와 긍휼로 관을 씌우시며"(시 103:3, 4).

그 해에 기적적으로 내 심장은 정상으로 회복되었다. 최근에 나는 정기 검진을 받았는데, 의사는 "당신의 심장은 지극히 정상입니다"라고 말했다. 주님을 찬양하라. 사탄은 저주를 내 아버지에게서 나에게로 전하려고 노력했지만, 하나님께서는 그 저주를 제거해주신 것이다. 지금 내 심장은 지극히 정상이다. 그리스도께서 우리를 저주에서 구해 주셨으므로 우리는 육체적 저주 아래서 살 필요가 없다.

옛 언약의 신자

　가계에 흐르고 있는 죄악에서 구원받은 가장 좋은 예는 라합이다. 라합은 여리고 성에 사는 가나안 기생이었다. 그런데 그녀는 여호수아가 여리고를 정탐하기 위해 보낸 정탐꾼들을 숨겨 목숨을 구해 주었다. 하나님께서는 그 전에도 가나안 사람들을 심판하셨다. 가나안 사람들의 죄가 엄청났기 때문에 하나님은 그들을 완전히 없앨 작정이셨다. 라합은 죽을 운명이었지만, 여호와를 유일하신 참 하나님으로 고백하고 신자가 되었다: ". … 너희의 하나님 여호와는 위로는 하늘에서도 아래로는 땅에서도 하나님이시니라"(수 2:11).

　라합은 정탐꾼들에게 자기와 가족들의 목숨을 살려달라고 요청했고, 정탐꾼들은 라합에게 창문에 붉은 줄을 드리우라고 말했다. 이스라엘 백성들은 칠 일 동안 여리고 성 주위를 돌았다. 칠일 째 되는 날 하나님께서는 성벽을 무너뜨리는 기적을 행하셨다.

　이 경이로운 이야기는 여기에서 끝나지 않는다. 라합은 큰 믿음의 행동을 했기 때문에 가계에 흐르는 저주를 끊고 오히려 축복을 받았다. 라합은 이스라엘 사람과 결혼하여 보아스를 낳았고, 보아스는 룻과 결혼하여 오벳이라는 아들을 낳았는데, 그 이름은 "예배하는 자"라는 뜻이다. 오벳의 아들은 이새이고, 이새의 아들은 다윗이다. 다윗의 자손이신 예수님은 라합의 후손이기도 하다.

하나님은 지위나 빈부 등에 의해 사람을 차별하시지 않는다. 이 저주받은 민족의 기생에게 행하신 것과 동일한 일을 하나님은 오늘 우리를 위해서 행하기를 간절히 원하신다. 하나님은 우리의 삶에 작용하고 있는 죄악의 법에서 해방될 수 있는 길을 예비해 주셨다. 예수님이 흘리신 피로서 맺은 새 언약을 통해서 우리 가계에 흐르는 죄악의 저주가 깨뜨려졌다. 우리는 혈통적으로 유전되어온 가계의 죄악들로 인한 저주 아래 살거나, 아니면 예수님의 피를 통해서 축복을 받거나, 둘 중 하나를 선택할 수 있다. 피는 축복이 될 수도 있고 저주가 될 수도 있다.

죄악의 뿌리

죄악의 뿌리는 예수님의 피를 통해서 제거된다. 이사야 53장은 예수님이 우리 죄를 담당하셨다고 말한다. 예수님은 우리의 허물 때문에 찔리고, 우리의 죄악 때문에 상하셨다. 예수님의 피는 능력이 있기 때문에 우리의 혈통 안에 있는 가계의 죄악들을 근절시키기에 충분하다. 그러나 효력을 거두려면, 예수님의 피를 우리 자신의 상황에 적용해야 한다. 적극적인 사고(思考), 심리 상담, 혹은 "종교적" 행동을 하는 것 등은 좋은 일이기는 하지만 문제를 해결하지는 못할 것이다. 그것들이 일시적인 안도감을 줄 수는 있을지

모르지만, 오로지 예수님의 피만이 영구적인 해답이 된다. 즉 우리의 저주를 축복으로 바꾸어준다.

혹시 아직 회개하지 않은 사람이 있다면, 제3장 끝부분으로 돌아가서 회개하여 예수님의 피를 적용하며 성령의 증거를 경험하여 완전한 자유를 얻기를 바란다. 예수님의 보혈 덕분에 우리는 죄악에서의 자유를 얻으며, 성령의 증거는 우리에게 기름을 부어 우리의 멍에를 깬다. 다시 말해서 우리를 가계에 흐르는 죄악의 족쇄에서 해방시켜준다.

"그 날에 그의 무거운 짐이 네 어깨에서 떠나고 그의 멍에가 네 목에서 벗어지되 기름진 까닭에 멍에가 부러지리라"(사 10:27).

예표와 그림자

구약성경에는 장래의 것들을 미리 보여주는 예표들과 그림자들이 가득하다. 새 언약에서 공급해주는 것을 제대로 이해하려면, 하나님께서 구약 시대 신자들을 위해 섭리하셨던 것을 이해해야 한다. 하나님께서는 자기 백성들이 가계에 흐르는 죄악에서 자유를 얻을 수 있는 길을 예비하셨다.

유대인의 속죄 예식은 대속을 묘사한다. 이 예식을 통해서 우리는 예수께서 우리의 죄값을 치르시고 죄악으로부터 우리의 자유를 확보하신 방법을 알 수 있다. 천국에서 우리를 위해서 이 예식이 재현될 때 예수님은 우리의 대제사장이요 피의 제물이 되신다.

유대력에서 가장 중요한 날은 7월 10일, 속죄일이다. 그 날 백성들의 죄와 허물과 죄악은 깨끗이 씻김을 받는다. 속죄일 전날 밤, 유대인들은 금식하며 회개한다. 다음날 그들은 엄숙하게 회막문 앞에 모인다.

백성들이 회막문 앞에서 백성들이 조용히 기다리는 동안, 안에서는 미리 염소 두 마리, 양 일곱 마리, 수송아지 한 마리를 준비해 두었던 대제사장이 물로 몸을 씻고 거룩한 세마포 예복을 입고 예식을 시작한다. 염소 한 마리를 제외하고는 모든 짐승들이 제물로 바친다. 대제사장은 속죄를 위해서 피의 제물들을 드리는데, 이것은 성소와 장막과 제단과 동료 대제사장들을 위해 거룩한 희생제물을 드려 속죄하는 것을 의미한다.

그 다음에 대제사장은 모든 이스라엘 백성의 죄악과 허물과 죄를 위한 제물로 염소를 죽인다. 죄의 제물로 선택된 염소의 피는 속죄소에 뿌려진다. 속죄소는 하나님께서 임재하시는 곳인데, 두 그룹 사이에 있는 언약궤의 황금 뚜껑을 말한다.

대제사장은 두 손을 남은 염소, 즉 속죄양에게 얹고 백성들의 모든 죄와 허물과 죄악을 고백한다. 그 다음에 속죄양을 광야로 쫓아

낸다. 하나님께서는 속죄 제물인 염소의 피를 받고 그들의 모든 죄와 죄악을 제거해 주셨다. 마찬가지로, 예수님의 피도 우리 자신 및 유전되는 죄악을 지닌 우리의 가계를 깨끗이 해주셨다.

> "염소가 그들의 모든 불의를 지고 무인지경에 이르거든 그는 그 염소를 광야에 놓을지라"(레 16:22).

옛 언약의 여자 영웅

어느 속죄일에 여호세바라는 젊은 여인이 사람들과 함께 속죄를 기다리고 있었다. 여호세바는 성경에서 가장 악한 여인인 이세벨의 딸인 아달랴의 딸로서 젊은 제사장과 결혼할 사람이었다. 말하자면 여호세바는 성경에서 가장 악한 가문 출신이었다. 그러나 하나님께서는 여호세바를 그 가계에 흐르는 죄악에서 대속해 주셨다.

여호세바의 증조부 오므리는 북왕국 이스라엘의 악한 왕이었다. 그는 간교한 정치가였는데, 아들을 이세벨과 결혼시킴으로써 시돈 족속과 화해하려 했다. 아합과 결혼한 이세벨은 그 당시 가장 비열한 귀신 종교인 바알 숭배를 이스라엘에 도입했다.

선지자 엘리야는 아합과 이세벨에게 대적하여 그 땅에 기근이 들게 했다. 삼 년 후에 엘리야는 하나님께 드리는 자신의 제물에 불이 내리게 하여 바알의 선지자들을 위압했다. 그리고 나서 그는 가뭄을 끝나게 했다. 엘리야는 아합과 이세벨과 그 후손들에게 저주가 임할 것을 예언했다. 그는 그 가문이 멸절될 것이라고 말했다.

이것은 여호세바에게는 좋지 않은 소식의 시작에 불과했다. 선한 유다의 왕 여호사밧은 북왕국과 남왕국의 평화를 이루기 위해 자기의 아들과 이세벨의 딸 아달랴를 결혼시켰다. 아달랴도 어머니 이세벨과 마찬가지로 남편과 남왕국 유다에 바알 숭배를 소개했다. 아달랴의 남편이 전쟁에서 죽은 후에 그 아들 아하시야가 왕이 되었지만 몇 년 후에 살해되었다.

아달랴는 아들이 죽자 스스로 유다 왕이 되었고, 자객을 보내어 손자를 살해하려 했다. 아달랴는 아들의 상속자들을 모두 제거하면 자신이 유다의 왕위를 확보할 수 있으리라고 생각했다. 참으로 기막힌 할머니가 아닐 수 없다. 아달랴는 북왕국과 남왕국을 통틀어 나라를 통치한 유일한 여인이 되었다. 만일 아달랴가 손자들 모두를 죽이는 데 성공했다면 다윗의 씨는 끊어졌을 것이며 메시아도 존재하지 못했을 것이다. 왜냐하면 예수님은 다윗의 씨를 통해서 세상에 와야 했기 때문이다.

그러나 여호세바는 어머니의 음모를 알고서 몰래 방에 들어가 가장 어린 왕자를 구해냈다. 여호세바와 그 남편의 보호 아래 아기는 일곱 살이 되었다. 이윽고 여호세바의 남편은 아기를 왕에 즉위시키기 위해 성전에 데려갔고 아달랴는 살해되었다.

여호세바는 악한 가문의 후손이었지만 성경에 등장하는 작은 여자 영웅 중 한 사람이 되었다. 하나님은 우리의 가계가 얼마나 부패했건 상관하지 않으신다. 우리가 하나님의 씻음을 받아들일 때 가계에 흐르는 죄악은 파괴된다. 옛 언약 하에서 여호세바를 구원하신 하나님께서 새 언약을 통해서 우리와 우리 자녀와 후손들을 위해서 얼마나 큰 일을 하실 수 있을지 생각해보자.

혹시 여호세바와는 달리 자기의 남편은 제사장이 아니거나 신자도 아닌데 자기의 가정에서 죄악이 활동하고 있는 것을 보고 가족들에 대해 걱정을 하고 있는 사람이 있다면, 그 사람은 낙심하지 않아도 된다. 부부 중 한 사람만 믿어도 한 가정을 충분히 성화할 수 있다. 만일 당신이 바로 그러한 형편에 있다면, 당신은 가계의 저주를 종식시키고 가계를 위한 축복을 확보할 수 있다.

"믿지 아니하는 남편이 아내로 말미암아 거룩하게 되고 믿지 아니하는 아내가 남편으로 말미암아 거룩하게 되나니 그렇지 아니하면 너희 자녀도 깨끗하지 못하니라 그러나 이제 거룩하니라"(고전 7:14).

저주가 끊어짐

나는 구원받아 성령 충만을 얻기 전에 주일학교에 다니면서 선생님의 말씀에 사사건건 도전했다. 그 당시 내가 내뱉었던 어리석은 말들을 돌이켜 생각해 보면 부끄럽기 짝이 없다. 나는 그러한 일들은 나의 딸 새러에게 한 번도 말해준 적이 없다.

새러는 오루대학교 1학년 때 독일 어느 대학에서 여름을 보냈다. 그런데 집으로 돌아온 새러는 자신이 예수를 믿는지 확신이 서지 않는다고 말했다. 오래 전에 어린 내가 주일학교 교실에서 했던 것과 똑 같은 말을 딸에게서 듣는 순간 내 마음은 무너지는 것 같았다. 그녀는 성령 충만한 가정에서 하나님의 말씀 위에서 자라면서 어렸을 때 이미 주님을 영접했었다.

주님은 나에게 "당황하지 말고 침착해라."고 말씀하셨다. 나는 새러에게 "원수가 네 믿음을 훔쳐가려고 노력하고 있다. 그렇지만 예수께서 너에게 자신을 계시해 주실 것이다"라고 말해 주었다. 물론 남편과 나는 기도했다. 지금 딸에게 무슨 일이 일어나고 있는 것일까? 과거에 내가 시작해 놓은 죄악이 내 딸의 내면에서 작용하고 있었던 것이다.

새러는 학기가 시작되어 대학으로 돌아갔는데, 어느날 밤 나에게 전화를 했다. 다시 주님께 헌신한 것이었다. 나는 어떻게 다시 확신을 갖게 되었느냐고 물었더니, 새러는 자기와 함께 공부하는 남학생에 대해서 이야기 했다. 그 학생도 새러처럼 하버드 대학에서 공부하는 동안 믿음을 잃었었다. 그 학생은 아버지의 강력한 권유를 받아들여 새러가 다니는 오루 대학에 다니면서 결국 구원의 진리를 되찾았다. 방금 주님께 돌아온 이 학생이 내 딸 새러를 진리의 길로 돌아오게 해준 것이었다.

이것이 우연한 일이었을까? 그렇지 않다. 하나님께서 저주를 끊고 축복을 주시기 시작한 것이다. 하나님은 우리의 삶 속에서, 그리고 우리 후손들을 위해서도 동일한 일을 행하실 것이다.

제5장

구속의 상급

인간은 하나님과 친밀한 관계를 누리려는 소원을 가지고 있으며, 또 그것을 필요로 한다. 모든 사람의 내면에는 자신을 지으신 창조주와의 부자父子 관계를 간절히 원하는 부분이 있다. 하나님과의 관계에 의해서 그 공간이 채워지고 그 욕구가 충족되지 않는 한, 인간들은 해답을 찾으려고 노력하면서 자신의 욕구를 충족시켜줄 다양한 대체물들을 시도해볼 것이다. 하나님과의 개인적인 관계를 갖지 못하는 사람은 균형을 잃고 불완전한 상태에 머물 것이다.

언젠가 한 아이가 부모의 이혼에 대해 이야기한 적이 있는데, 그 아이를 생각하면 지금도 가슴이 아프다. 아담과 하와가 범죄하면서 행한 일도 그와 똑같다. 그들은 자기들의 아버지이신 하나님과 헤어졌다. 사랑하는 사람으로 버림을 받으면 우리는 깊은 상처를 받는다. 그러나 이것은 아담의 범죄와 반역이 하나님의 마음을 아프게 한 것에 비하면 아무 것도 아니다. 자기 자녀가 불순종하여 자신으로부터 떨어져 나갈 때에, 사랑의 하나님께서는 어떻게 느끼셨을까?

하나님은 어떻게 행동하셨는가? 토라져서 화를 내셨는가, 복수하려 하셨는가, 아니면 아픔을 마음에 품은 채 숨으셨는가? 하나님은 그렇게 행하지 않으셨다. 우리를 지극히 사랑하시는 하나님은 세상의 기초가 서기 전에 모든 사람이 하나님과의 친밀한 관계로 돌아올 수 있게 해줄 계획을 세우셨다.

"하나님이 세상을 이처럼 사랑하사 독생자를 주셨으니 이는 그를 믿는 자마다 멸망하지 않고 영생을 얻게 하려 하심이라"(요 3:16).

인간은 하나님과의 관계를 상실했을 뿐만 아니라 자기 자신과 이 세상에 죄로 인한 저주 및 죄의 동반자인 죽음을 초래했다. 순종을 버리고 반역을, 의를 버리고 죄를 선택했을 때 아담과 하와는 새로운 아버지요 신인 사탄과 부자 관계를 맺었다. 그들은 범죄함으로써 그들 자신뿐만 아니라 모든 피조물에게 독을 주입했다. 선하신 하나님은 죄를 미워하시는 분이시며, 또 죄를 심판하셔야 했기 때문에 인간과의 친밀함을 거두셨다. 아담과 하와는 스스로 하나님의 원수가 되었다. 하나님에게 있어서 죄는 역겨운 자극제 정도가 아니라 원수이다.

"그러므로 한 사람으로 말미암아 죄가 세상에 들어오고 죄로 말미암아 사망이 들어왔나니 이와 같이 모든 사람이 죄를 지었으므로 사망이 모든 사람에게 이르렀느니라"(롬 5:12).

사탄은 인간을 타락하게 만든 자신의 역할에 대해 크게 만족했을 것이다. 하나님께서 사랑스럽게 만드신 피조물들을 이제 자기의 수중에 두게 되었기 때문에, 사탄은 자신이 중요한 전쟁에서 승리를 거두었다고 생각했을 것이다. 그 날 사탄은 정말 승리했는가? 그렇지 않다.

"죄를 짓는 자는 마귀에게 속하나니 마귀는 처음부터 범죄함이라 하나님의 아들이 나타나신 것은 마귀의 일을 멸하려 하심이라"(요일 3:8).

예수님은 우리의 삶 안에서 "마귀의 일을 멸하려" 우리를 하나님의 자녀로 회복시키시려는 두 가지 목적을 갖고서 영광을 버리고 자기를 낮추셔서 인간이 되셨다. 우리를 구원하신 이유는 무엇일까? 그렇게 함으로써 우리는 자신의 삶과 가계의 삶 속에서 죄와 죄악의 저주를 종식시키며 대대로 이어질 축복을 확보할 수 있기 때문이다.

"죄가 너희를 주장하지 못하리니…너희가 본래 죄의 종이더니 너희에게 전하여 준 바 교훈의 본을 마음으로 순종하여 죄로부터 해방되어…죄의 삯은 사망이요 하나님의 은사는 그리스도 예수 우리 주 안에 있는 영생이니라"(롬 6:14, 17, 18, 23).

"도둑이 오는 것은 도둑질하고 죽이고 멸망시키려는 것뿐이요 내가 온 것은 양으로 생명을 얻게 하고 더 풍성히 얻게 하려는 것이라"(요 10:10).

옛 것은 지나갔다

성경에서 가장 슬픈 이야기는 가룟 유다의 이야기라고 생각한다. 유다는 자신을 죄악에서 해방시켜 주실 분과 함께 생활하면서도 탐욕이라는 죄악의 속박 속에 그대로 머물렀다. 그리고 이 탐욕 때문에 하나님의 아들 예수를 배반했다. 사도행전 1장 18절은 다음과 같이 말한다: "이 사람이 불의(죄악)의 삯으로 밭을 사고 후에 몸이 곤두박질하여 배가 터져 창자가 다 흘러나온지라."

유다는 예수님의 사역 팀의 회계를 맡았기 때문에 돈가방을 가지고 다녔다. 삼 년이 넘도록 예수님과 함께 생활하면서 함께 이야기하고 기적 행하심을 보고 그 말씀을 들으면서도 어떻게 여전히 자신이 만든 죄악이나 가계에 흐르는 저주의 속박 아래 머물 수 있었는지 상상하기 어렵다. 가룟 유다는 "말씀을 듣는 자"가 되는 것만으로는 충분치 못하다는 사실을 증명해준다. 대속의 상급을 받아 누리려면 "행하는 자"가 되어야 한다.

> "너희는 말씀을 행하는 자가 되고 듣기만 하여 자신을 속이는 자가 되지 말라 누구든지 말씀을 듣고 행하지 아니하면 그는 거울로 자기의 생긴 얼굴을 보는 사람과 같아서 제 자신을 보고 가서 그 모습이 어떠했는지를 곧 잊어버리거니와"(약 1:22-24).

우리의 과거에 소유하고 있던 삶의 유산 중 하나는 모든 인류가 아담과 하와의 불순종 행위 때문에 물려받은 저주이다. 하나님께서는 그 "죄악됨의 상태"를 심판하셨고, 그 선고대로 시행하는 일만 기다리고 있었다. 그런데 예수께서 우리를 위해, 모든 인류를 위해 그 선고와 죄에 대한 형벌을 대신 감당하셨다. 예수님은 우리 대신에 돌아가셨다.

> "한 사람이 순종하지 아니함으로 많은 사람이 죄인 된 것 같이 한 사람이 순종하심으로 많은 사람이 의인이 되리라"(롬 5:19).

우리는 악한 본성에서 구원을 받았다. 우리가 죄인이었을 때에 우리에게 있어서 죄는 자연스러운 것이었다. 그러나 예수님을 우리 삶의 주로 받아들일 때에 죄의 본성은 사라졌고, 우리는 그리스도 안에서 새롭게 되어 그리스도의 본성을 소유하고 있다.

"그런즉 누구든지 그리스도 안에 있으면 새로운 피조물이라 이전 것은 지나갔으니 보라 새 것이 되었도다"(고후 5:17).

우리 삶을 지배하던 악한 본성의 세력이 정복되었다. 과거에는 어쩔 수 없이 죄에 굴복했지만, 이제는 범죄하지 않는 편을 선택하고 바랄 수 있다. 우리는 죄의 권세에서 해방되어 하나님을 기쁘시게 하는 삶을 살 수 있다. 아직도 죄의 속삭임을 듣고 그 유혹에 굴복할 가능성이 있지만, 다시는 죄가 우리를 지배할 수 없을 것이다. 할렐루야. 우리는 죄에서 자유하다.

"우리가 알거니와 우리의 옛 사람이 예수와 함께 십자가에 못 박힌 것은 죄의 몸이 죽어 다시는 우리가 죄에게 종 노릇 하지 아니하려 함이니…죄가 너희를 주장하지 못하리니…"(롬 6:6, 14).

모든 것이 새롭게 된다.

앞에서는 가계에 흐르는 죄악이 분노, 비만, 알코올 중독 등의 형태를 취할 수 있음을 살펴보았다. 이러한 죄악들은 고질적인 죄들이요 한 가계에서 되풀이 해서 발생하는 질병으로서 혈통을 통해서 후손에게 전달된다. 우리의 죄악을 대신하는 속죄제물이요 속죄양이신 예수께서는 이러한 문제 영역에 치명타를 가하신다.

"그가 우리를 대신하여 자신을 주심은 모든 불법에서 우리를 속량하시고 우리를 깨끗하게 하사 선한 일을 열심히 하는 자기 백성이 되게 하려 하심이라"(딛 2:14).

"인격의 위기" 때문에 고생하는 기독교인들이 많다. 그들은 자신이 그리스도 안에서 새로운 피조물이라는 사실을 알고 있다. 그러나 자신이 누구이며 자신의 새로운 정체성이 가계의 죄악을 극복하고 승리하는 것에 어떻게 관련되는지는 알지 못한다.

"내가 그리스도와 함께 십자가에 못 박혔나니 그런즉 이제는 내가 사는 것이 아니요 오직 내 안에 그리스도께서 사시는 것이라 이제 내가 육체 가운데 사는 것은 나를 사랑하사 나를 위하여 자기 자신을 버리신 하나님의 아들을 믿는 믿음 안에서 사는 것이라"(갈 2:20).

우리는 "그리스도 예수 안에서 새로운 피조물이다." 고린도후서 5장 17절의 헬라어 번역에 의하면 하나님은 우리를 "전에 존재한 적이 없는 새로운 존재"로 지으셨다. 이것은 유전적인 가계의 죄악을 더 이상 물려받지 않는다는 뜻이다. 우리는 "너에게는 그러한 가계의 죄악들이 존재하지 않는다. 너는 새로운 생득권을 가지고 있다. 하나님의 자녀인 너는 저주 대신에 놀라운 축복을 물려받았으며, 결핍 대신에 풍요를, 질병 대신에 건강을 물려받았다"라는 말을 들은 적이 있다.

> "우리로 하여금 빛 가운데서 성도의 기업의 부분을 얻기에 합당하게 하신 아버지께 감사하게 하시기를 원하노라 그가 우리를 흑암의 권세에서 건져내사 그의 사랑의 아들의 나라로 옮기셨으니 그 아들 안에서 우리가 속량 곧 죄 사함을 얻었도다"(골 1:12-14).

우리는 과거에 하나님의 원수였지만, 지금 하나님은 우리를 아들, 하나님 자신의 모양으로 다시 지음을 받은 새로운 사람으로 여기신다. 부모가 자랑스럽게 갓난아기를 보여주면 사람들은 "아기가 아빠의 코에 엄마의 눈을 닮았군요" 등의 말을 한다. 하나님께서는 우리를 보시면서 "그래. 그 사람은 나의 의와 나의 사랑의 가지고 있구나. 그리고 내 아들과 꼭 닮았어"라고 말씀하신다. 신약

성경에서 "그리스도 안에서"라는 말씀을 대할 때 우리는 특별한 관심을 기울여야 한다. 왜냐하면 그 말씀들은 우리가 하나님의 어디를 닮았는지를 묘사해주기 때문이다. 그러한 구절들을 거울처럼 우리 앞에 두자. 그것들이 진정한 우리의 모습이다.

> "곧 우리가 원수 되었을 때에 그의 아들의 죽으심으로 말미암아 하나님과 화목하게 되었은즉…"(롬 5:10).

> "무릇 하나님의 영으로 인도함을 받는 사람은 곧 하나님의 아들이라…양자의 영을 받았으므로 우리가 아빠 아버지라고 부르짖느니라"(롬 8:14, 15).

예수님은 우리를 그리스도의 몸의 한 지체로 보신다. 그 분의 지도 아래 있는 우리는 삶에서 원수의 모든 전략을 극복하며 승리자가 된다. 우리는 하나님 나라의 권리와 책임을 지닌 시민이다. 우리는 영생, 죄와 사탄에 대한 승리, 예수님의 이름으로 기도할 수 있는 권리, 성령의 내주하심을 소유할 수 있는 권리 등을 가지고 있다.

> "그러나 이 모든 일에 우리를 사랑하시는 이로 말미암아 우리가 넉넉히 이기느니라"(롬 8:37).

"너희는 그리스도의 몸이요 지체의 각 부분이라"(고전 12:27).

우리 안에 있는 하나님의 권세

유전적인 결점들을 극복하려고 노력해 보았지만 번번이 실패한 사람이 있을 것이다. 그렇다면 그 사람은 구원에 가까이 접근해 있는 사람이다. 우리 자신의 노력으로는 결코 지속적인 승리를 확보할 수 없다는 사실을 깨달을 때 우리는 자기를 속박하고 있는 결박―우리의 선천적인 결점들―을 제거하기 위해서 하나님을 의지할 준비를 갖추게 된다.

"영접하는 자 곧 그 이름을 믿는 자들에게는 하나님의 자녀가 되는 권세를 주셨으니"(요 1:12).

우리가 거듭났을 때 하나님께서 우리 안에 오셔서 거하시면서 우리의 "자녀됨"을 완전히 회복시켜 주셨다. 우리는 여러 해 동안 가계에 흐르는 죄악에 종이 되어 살아왔기 때문에, 자신의 결점들에 의해서 스스로를 정의한다. 종종 자기 자신이 "나는 아프지 않은 때가 없어. 항상 이런 병 저런 병에 걸린단 말이야. 나는 장래에도 계속 가난할 거야. 나는 운이 좋지 않아. 나는 술을 끊으려고 노력도 해보았지만, 술을 마시고픈 욕구가 나 자신보다 더 강하단 말이야. 나도 우리 아버지처럼 죽을 때까지 술을 마시게 될 거야"라고 말하는 소리를 들은 경험이 있는 사람이 있을 것이다.

물론 우리 자신을 무력한 피조물, 자신에게 있는 결점의 희생자로 비하할 수도 있다. 그러나 우리는 희생자가 아니라 승리자요, 패배자가 아니라 승리자요, 모든 죄와 상황과 질병의 바닥에 있는 것이 아니라 그것들을 초월하여 있다. 하나님께서 권세를 주셨기 때문에 우리는 하나님의 말씀을 취할 수 있다. 그것은 인간의 권세가 아니라 하나님의 권세를 닮은 권세이다.

우리는 이미 구원의 은사를 받았기 때문에 구원을 애걸할 필요가 없다. 우리가 자격을 갖추거나 성경학교에 다니거나 전임사역자로 부름을 받거나 과거의 잘못이 전혀 없는 완전한 사람이어야만 하는 것이 아니다. 이 순간 우리 안에 하나님의 권세를 소유하고 있다.

이 권세는 단지 구원만을 위한 것이 아니다. 그것은 출발에 불과하다. 하나님의 자녀인 우리에게는 풍성한 삶이 약속되어 있다.

"…내가 온 것은 양으로 생명을 얻게 하고 더 풍성히 얻게 하려는 것이라"(요 10:10).

하나님의 권세는 하나님의 자녀인 우리가 누려야 할 풍성한 삶과 우리 사이에 놓인 모든 것—가계의 죄악도 포함됨—을 깨뜨린다. 이제 우리는 성경에 의해서 자신을 다시 정의하며 하나님의 아들인 자신의 참된 신분을 취해야 한다. 우리는 우리 가계에 잠재해 있는 저주를 깨뜨리고 축복을 확보할 능력을 행사할 수 있는 초자연적인 존재이다.

구속함을 받음

죄와 허물과 죄악으로부터의 구속은 예수께서 죽어 장사지낸 바 되셨다가 부활하신 대가로 얻어진 것이다. 예수님은 인류를 죄와 사망에서 자유롭게 하기 위해 흘린 피로써 새 언약을 세우셨다: "…누구든지 주의 이름을 부르는 자는 구원을 받으리라 하였느니라"(행 2:21).

당신은 예수를 주요 구주로 영접했는가? 하나님의 가족에 합류했는가? 거듭 난 사람들만이 가계의 죄악, 즉 우리가 처음 시작했거나 아니면 조상들로부터 물려받은 부정적인 영적 특성들로부터 해방될 수 있다. 우리가 피할 유일한 길은 예수의 피를 통해서 다시 태어나며 하나님을 영적 아버지로 영접하는 것뿐이다. 우리가 거듭날 때 과거에 있었던 혈통적인 좋지 않은 특성들은 제거되며 예수님의 성품과 축복들을 소유하게 된다: "하나님이 미리 아신 자들로 또한 그 아들의 형상을 본받게 하기 위하여 미리 정하셨으니 이는 그로 많은 형제 중에서 맏아들이 되게 하려 하심이니라"(롬 8:29).

우리 중에는 아직 신생하지 못했거나 하나님과의 관계가 냉랭해진 사람이 있을 것이다. 가계에 흐르는 죄악이 우리로 하여금 하나님과의 관계를 포기하게 하거나 다시 죄에 빠지게 만들었을 수도 있다.

> "불법이 성하므로 많은 사람의 사랑이 식어지리라"(마 24:12).

이제 우리는 그것을 변화시킬 수 있다. 우리가 진정으로 가계의 죄악으로부터 해방되어 새로운 출발을 하려 한다면, 큰 소리로 다음과 같이 기도해보자.

> "사랑하는 예수님, 당신께서 나의 죄와 허물과 죄악 때문에 돌아가셨다가 사흘만에 다시 사셨음을 믿습니다. 나는 죄인입니다. 나에게는 당신의 사랑과 용서가 필요합니다. 내 삶 속에 들어오시며, 내 죄를 용서하시고 영생을 주십시오. 이제 당신을 나의 주로 고백합니다. 나에게 구원을 주신 당신께 감사

드립니다. 아멘."

축하해야 할 일이다. 예수 그리스도를 우리의 주요 구주로 받아들인 것은 우리가 내린 모든 결정 중에서 가장 훌륭한 결정이다. 우리는 이제 그리스도 안에서 새로운 피조물이 되었다. 삼위일체이신 성부와 성자 예수와 성령께서 우리 안에 거하신다. 우리는 죄로부터, 그리고 사탄의 종이라는 상태에서 해방되었다.

> "그런즉 누구든지 그리스도 안에 있으면 새로운 피조물이라…"(고후 5:17).

> "이는 그리스도 예수 안에 있는 생명의 성령의 법이 죄와 사망의 법에서 너를 해방하였음이라"(롬 8:2).

하나님의 가족들을 반갑게 맞아들입시다. 하나님의 생명을 영접합시다.

제6장

가계에 흐르는 저주에서
영원히 해방되라.

    얼마 전에 우리 집 앞마당의 나뭇가지들을 잘라 주었다. 나무들이 보기 싫게 웃자랐기 때문에 나는 정원사에게 나뭇가지들을 잘라 달랐고 부탁했다. 나는 정원사가 잘라낸 나뭇가지들을 거두어 차에 실어갈 것이라고 기대했다. 그런데 정원사는 나뭇가지들을 그대로 버려둔 채 가버렸다. 그래서 나는 정원사에게 전화를 걸어 자동 응답기에 메시지를 남겼다. 이윽고 정원사가 트럭을 몰고 왔다. 나는 "이제야 문제가 해결되는군"이라고 생각했다. 그런데 정원사는 나뭇가지들을 묶어 다발을 만든 뒤에 길 옆에 놓고는 "청소부들이 가져갈 겁니다"라고 말했다. 길에는 대여섯 개의 나뭇가지 묶음이 높이 쌓여 있었다. 나는 "청소부가 이것들을 보면 '신경 쓰지 마세요'라고 말할 거야"라고 생각했다.
    다음날 아침은 우리 집 쓰레기를 가져가는 날이었다. 나는 출근

하면서 "주님, 우리 집 쓰레기를 은총으로 에워싸 주십시오"라고 기도했다. 집에 돌아온 나는 나무나발이 모두 없어진 것을 보고 안심했다. 나는 주님께 감사했다. 그 때 주님은 나에게 "한 사람의 삶 속에 있는 쓰레기는 은총으로 에워쌀 수 없단다. 또 내가 그것들을 가져갈 것이라고 기대해서도 안 된다. 나는 쓰레기에게 은총을 주거나 그것을 은총으로 덮을 수 없단다. 쓰레기를 제거하는 방법은 회개하는 것이란다"라고 말씀하셨다. 그렇게 해야만 예수님의 피가 우리를 깨끗이 씻어주시며 과거의 죄들은 망각의 바다에 던져진다.

하나님은 우리 삶의 쓰레기들을 우리 스스로 치우기를 원하신다. 하나님은 그것들을 모른 체 하시거나 그것들에게 호의를 베풀지 않으신다. 하나님은 우리 스스로 자신의 삶에 있는 가계의 죄악에 대처하기 위해 필요한 단계들을 취하기를 원하신다.

지금까지 제1장부터 제5장까지는 이 점을 설명하기 위한 예비단계였다. 제1, 2, 3장에서는 가계에 흐르는 저주의 근원에 대해 알아보았고, 제4, 5장에서는 이러한 죄악에서 자유를 얻을 수 있도록 하나님께서 섭리해 두셨다는 것에 대해 다루었다. 이제 우리가 가계에 흐르는 죄악에서 해방되며 지금까지 배운 것을 획득하고 가문의 죄악을 영구히 깨뜨릴 시간이 왔다.

조상들의 죄악을 인정하고 고백하자

만일 우리가 아직 조상들의 죄를 인정하고 고백하지 못했다면, 이제 우리 가계에 있는 죄악의 뿌리를 파 보자. 스스로에게 "우리 조상들의 삶에서 내가 알고 있는 죄, 습관, 실패, 또는 질병들은 어떤 것이 있는가?"라고 질문해보자. 우리 부모님에게서부터 시작하여 삼사 대까지 거슬러 올라가면서 조상들 한 사람 한 사람에 대해 조사해보자. 어떤 조상들에 대해서는 아는 것이 없어도 걱정할 필요가 없다. 성령께서 우리가 모르게 감추어져 있던 일들을 계시해 주실 것이다.

이 단계는 매우 중요하다. 우리가 지닌 현재의 문제들과 관련되어 있는 과거의 뿌리들을 발견하는 방법에 관한 정보를 얻기 위해서는 제3장 앞부분을 다시 읽어보는 것이 좋다. 혹시 부모님의 잘못을 찾아내는 일이 어렵게 꺼림칙하게 생각된다면, 그 일이 부모님을 비난하거나 비방하려는 목적이 아니라 우리가 지닌 문제들의 뿌리를 발견하기 위한 것임을 기억해야 한다.

구원을 위한 단계들을 밟으려면 우리의 가계에서 나타나는 열매의 뿌리가 어디에서 시작된 것인지를 되도록 분명히 알아야 한다. 우리 삶에 나타난 악한 열매의 근원은 분명 어딘가에 있다. 조사하는 목록에 육체적인 질병도 포함시켜야 한다. 성령의 도움을 구하며, 감추어진 것들을 계시해달라고 요청하자. 충분한 시간을 할애하여 우리의 죄악된 유산을 조사하고, 그리하여 발견한 사실들은 반드시 기록해 두어야 한다. 만일 우리가 믿음이 없이 건성으로 조사한다면 아무 소득도 얻지 못할 것이다. 특별한 결과를 얻으려면 특별하게 기도해야 한다.

어떤 사람은 부모의 죄를 자백하는 것을 생소하게 생각하며, "이런 말은 전에 한 번도 들어본 적이 없습니다"라고 말할 것이다. 아래에 기록된 성경 구절들은 이 주제를 다룬 많은 성경 구절들 중 일부에 지나지 않는다. 그것들은 거의 잊혀져 있는 성경적 원리 안에 우리 마음을 세워줄 것이다.

> "그들이 나를 거스른 잘못으로 자기의 죄악과 그들의 조상의 죄악을 자복하고…내가 야곱과 맺은 내 언약과 이삭과 맺은 내 언약을 기억하며 아브라함과 맺은 내 언약을 기억하고 그 땅을 기억하리라"(레 26:40, 42).

> "모든 이방 사람들과 절교하고 서서 자기의 죄와 조상들의 허물을 자복하고"(느 9:2).

> "여호와여 우리의 악과 우리 조상의 죄악을 인정하나이다 우리가 주께 범죄하였나이다"(렘 14:20).

어느날 다니엘이 하나님의 말씀을 묵상하고 있었다. 그는 이스라엘 백성들을 70년 동안의 포로생활을 끝낸 후에 약속된 땅으로 돌아가게 해주시겠다던 하나님의 약속을 기억했다. 약속된 70년이 거의 끝나가고 있는데, 이스라엘은 여전히 바벨론의 포로가 되어 있었다. 그 이유는 무엇이었을까? 이스라엘 백성을 포로가 되게 만든 조상들의 죄와 죄악을 자백하여 깨끗이 제거하지 않았기 때문이었다. 그래서 구약 성경에서 위대한 중보자들 중 한 사람이며 그 시대에 가장 경건한 사람이었을 다니엘은 금식하며 기도하기 시작했다.

다니엘서 9장에 기록된 다니엘의 기도를 읽어보면 놀랍게도 이 경건한 사람이 자신을 조상들과 동일시하며 조상들의 죄와 죄악을 고백하고 있다.

"우리는 이미 범죄하여 패역하며 행악하며 반역하여 주의 법도와 규례를 떠났사오며…우리의 죄와 우리 조상들의 죄악으로 말미암아 예루살렘과 주의 백성이 사면에 있는 자들에게 수치를 당함이니이다"(단 9:5, 16).

다니엘이 조상들의 죄와 죄악을 자신의 죄인 양 자백할 때 하나님은 즉시 응답하여 천사 가브리엘을 보내어 대답을 주셨다.

"…곧 내가 기도할 때에 이전에 환상 중에 본 그 사람 가브리엘이 빨리 날아서 저녁 제사를 드릴 때 즈음에 내게 이르더니 내게 가르치며 내게 말하여 이르되. …네가 기도를 시작할 즈음에 명령이 내렸으므로 이제 네게 알리러 왔느니라…네 백성과 네 거룩한 성을 위하여 일흔 이레를 기한으로 정하였나니 허물이 그치며 죄가 끝나며 죄악이 용서되며 영원한 의가 드러나며 환상과 예언이 응하며 또 지극히 거룩한 이가 기름 부음을 받으리라"(단 9:21-24).

이 이야기는 오늘날 많은 사람들이 직면하고 있는 현상의 특징을 잘 나타내준다. 우리는 거듭 났지만 여전히 가계에 흐르는 죄악의 속박을 받고 있다. 아마 우리가 그 속박으로부터 구원 받는 데 있어서 **빠진** 요소는 다니엘 시대의 이스라엘 백성에게 **빠졌던** 것과 동일한 것일 수 있다. 즉 자신 및 조상의 죄악을 인정하고 자백하는 것이다.

하나님은 그러한 자백을 기다리고 계셨다. 하나님은 다니엘이 기도하는 즉시 이스라엘을 구원하기 위한 계획을 이행하기 시작하셨다. 우리가 조상들의 죄와 죄악을 인정하고 자백할 때에 하나님께서는 다니엘 시대에 행하셨던 것과 동일한 일을 행하실 것이다. 우리가 작성한 조상의 죄악 목록을 하나님 앞에 놓고 깨끗함을 받자. 예수님의 피가 우리의 혈통을 깨끗이 해주며, 조상으로부터 유전되어온 죄악들로부터 우리 가문을 구하기 위해 하나님이 능력을 발휘하실 것이다.

죄악을 물려준 조상들을 용서하자.

우리에게 문제점들을 초래하게 만든 죄악을 물려준 조상들을 용서하고 싶지 않을 수도 있다. 그러나 우리는 자신이 희생자라는 태도를 경계해야 한다. 예수 그리스도 안에 있는 우리는 희생자가 아니라 승리자이다. 조상들이 우리에게 어떤 약한 특성을 물려주어 원수가 그것을 우리에게 불리하게 이용할 수도 있겠지만, 선택권은 우리 자신에게 있다. 우리 자신과 후손을 위해서 죄악의 순환을 끊으려면 조상들을 용서해야 한다.

> "우리가 우리에게 죄 지은 자를 사하여 준 것 같이 우리 죄를 사하여 주시옵고…너희가 사람의 잘못을 용서하면 너희 하늘 아버지께서도 너희 잘못을 용서하시려니와"(마 6:12, 14).

부모나 가족들 때문에 큰 상처를 입은 사람들이 많다. 아마 우리 중에도 그런 사람이 있어서 다시는 자기에게 상처를 준 사람을 상종하지 않을 권리가 있다고 생각할는지도 모르겠다. 그렇지만, 만일 그들을 용서하지 않는다면, 그들을 판단하게 될 것이며, 그 판단은 결국 우리에게로 돌아와 우리를 괴롭히게 될 것이다. 로마서 2장 1절은 우리가 다른 사람을 판단하면서 스스로도 같은 죄를 범한다고 말한다. 우리의 판단은 우리 및 우리 자녀가 감당해야 할 새로운 가계의 죄악이 만들 수도 있다.

"그러므로 남을 판단하는 사람아, 누구를 막론하고 네가 핑계하지 못할 것은 남을 판단하는 것으로 네가 너를 정죄함이니 판단하는 네가 같은 일을 행함이니라"(롬 2:1).

살아있는 조상들의 죄를 하나님께 용서를 구하자

우리가 용서를 받으려면 다른 사람들을 용서해주어야 한다. 우리가 다른 사람들이 우리에게 범한 죄와 허물로부터 풀어주지 않는 한, 그들이 우리에게 가한 고통스런 상황이나 가계의 죄악으로부터 완전히 해방될 수 없다. 용서한다는 것은 우리에게 가해진 죄나 허물들을 부인하는 것이 아니며, 그들의 행동 때문에 우리가 고통을 받았음을 부인하는 것도 아니고, 또 다른 사람들의 행동으로 치른 개인적인 대가를 부인하는 것도 아니다. 용서의 생활은 감상적이고 감정적인 것이 아니라, 계획적이고 계산된 것이다. 먼저 우리에게 범한 다른 사람의 죄의 값—그 사람의 권리 침해 때문에 우리 삶에 초래된 피해에 대해 청산하지 않은 빚—을 계산한 후에, 그 사람을 용서하면서 그들의 빚도 탕감해 주기로 결정해야 한다. 이것이 하나님께서 우리의 죄를 용서하시는 방법이다. 하나님은 우리의 죄를 묵살하지 않으시며, 덮어두지도 않으신다. 하나님은 예수님의 보혈에 의지하시며, 우리가 진 빚에 "지불 완료"라는 도장을 찍으신다. 하나님의 은혜에 의해서, 그리고 하나님의 도움을 받아 우리도 똑같이 행할 수 있다.

> "이에 예수께서 가라사대 아버지여 저희를 사하여 주옵소서 자기의 하는 것을 알지 못함이니이다…"(눅 23:34).

> "무릎을 꿇고 크게 불러 가로되 주여 이 죄를 저들에게 돌리지 마옵소서 이 말을 하고 자니라"(행 7:60).

조상의 죄악에 우리가 참여했음을 고백하자.

가계에 흐르는 죄악에서 자유를 얻으려는 과정 중 이 단계에서 부끄러워 얼굴을 붉혀서는 안 된다. 우리에게는 죄에 대한 책임을 회피하려는 경향이 있다. 어느 코미디언은 잘못을 범할 때마다 "마귀가 그렇게 하게 만들었다"라는 말로 핑계를 대곤 했다. 가계에 흐르는 죄악을 새롭게 인식하게 되면, 자신의 죄에 대해서 "조상들이 그렇게 행동하게 만들었다"라는 말을 하지 않을 것이다. 조상들이 우리에게 영적인 결점들을 제공해주었고, 마귀가 우리의 약점들을 이용했겠지만, 우리가 자신의 자유의지에 따라서 죄를 범했음을 망각해서는 안 된다. 죄에 대한 책임은 우리 자신에게 있다.

하나님은 결코 우리의 쓰레기를 못 본 체 덮어두시지 않으며 우리의 죄를 간과하시지 않으며, 그것이 조상들로부터 유전되어온 결점이라고 해서 묵과하지 않으신다. 하나님은 우리의 회개를 원하신다. 죄에 대해 기독교인으로서 대처하지 않은 데 따른 결과는 심각하다. 조그마한 죄라도 자백하지 않으면 산더미 같은 죄가 된다. 왜냐하면 우리가 죄에 대한 적절한 조처를 취하지 않음으로써 마귀가 우리의 삶에서 작용할 수 있는 장소를 제공하게 되기 때문이다. 즉 마귀가 활동하는 요새, 고지, 권위 있는 장소를 제공하게 된다.

"자기의 죄를 숨기는 자는 형통하지 못하나 죄를 자복하고 버리는 자는 불쌍히 여김을 받으리라"(잠 28:13).

"마귀에게 틈을 주지 말라"(엡 4:27).

자기의 죄를 고백하지 않는 데 따르는 결과는 무섭지만, 죄에 대해 책임을 지고 하나님을 대면하는 데 따르는 상급은 놀라운 것이다. 하나님께서는 우리에게 자비와 용서를 주시며 모든 불의에서 깨끗하게 해주실 것이다. 사랑의 하나님은 우리가 거듭 나기 전부터 우리를 사랑하셨고, 지금도 우리를 사랑하신다. 우리의 죄가 아무리 심각하든지, 그리고 그로 인해 하나님을 얼마나 실망시켰든지 상관이 없다. 하나님은 탕자의 아버지처럼 두 팔을 벌리고 우리를 얼싸 안아주시며 하늘나라에서 우리를 정당한 지위에 회복시켜 주시려고 기다리신다. 우리가 탕자처럼 돼지우리에서 씨름하여 더러운 것이 묻고 냄새가 나도 하나님은 개의치 않으신다. 하나님께서는 우리를 완전히 깨끗하게 해주실 것이다. 하나님은 우리가 돌아오기를 기다리신다.

"…죄가 더한 곳에 은혜가 더욱 넘쳤나"(롬 5:20).

하나님의 용서와 죄 씻음을 요청하라.

죄를 고백하고 죄에 대한 책임을 받아들인 후에는 하나님께 용서와 죄 씻음을 구하고 하나님의 뜻을 구하라.

"그가 빛 가운데 계신 것 같이 우리도 빛 가운데 행하면 우리가 서로 사귐이 있고 그 아들 예수의 피가 우리를 모든 죄에서 깨끗하게 하실 것이요 만일 우리가 죄가 없다고 말하면 스스로 속이고 또 진리가 우리 속에 있지 아니할 것이요 만일 우리가 우리 죄를 자백하면 그는 미쁘시고 의로우사 우리 죄를 사하시며 우리를 모든 불의에서 깨끗하게 하실 것이요"(요일 1:7-9).

이제 이렇게 기도해보자.

"아버지여, 당신의 말씀이 내 발에 등불이요 내 길에 빛이 되시니 감사합니다. 예수의 보혈로 나를 대속하시니 감사합니다. 나 자신을 당신께 바칩니다. 모든 죄와 죄악에서 나를 깨끗하게 하여 주십시오. 나를 용서하시고 내 부모와 조상들의 모든 불의를 용서해 주십시오. 지금 보혈로 모든 죄와 질병과 연약함과 당신을 닮지 않는 태도에서 나를 씻어 주십시오. 당신께서는 나와 내 자녀와 그 후손들을 가계에 흐르는 결점들의 속박에서 구하시며 죄악의 고리를 깨뜨리십니다. 예수님의 이름으로 기도합니다. 아멘."

하나님의 뜻에 복종하라

지금까지 다룬 단계들 모두가 중요하다. 그러나 이번 단계는 우리를 속박에서 완전히 자유하게 해주며 가계의 죄악들을 영구적으로 과거 속에 묻어버릴 것이다. 중요한 것은 "복종"이다. 아담의 죄는 하나님께 대한 반역죄였고, 반역의 반대 개념은 복종이다. 예수님은 아버지께 복종하셨으며, 우리도 복종해야 한다. 복종한다는 것은 하나님의 로봇이 되는 것이 아니라 우리 삶을 위한 하나님의 계획을 받아들이기로 선택하는 것이다. 그것은 "당신은 창조주시며, 나는 당신의 지음을 받은 피조물입니다. 당신의 계획은 내 계획보다 낫고, 나는 당신의 방식대로 행동하기를 원합니다"라고 말하는 것이다. 지금 이 순간 하나님은 우리의 의지의 영역에서 역사하고 계시다. 왜냐하면 그것은 우리의 승리를 완성하는 데 있어서 매우 중요한 일이기 때문이다.

> "…항상 복종하여 두렵고 떨림으로 너희 구원을 이루라 너희 안에서 행하시는 이는 하나님이시니 자기의 기쁘신 뜻을 위하여 너희에게 소원을 두고 행하게 하시나니"(빌 2:12, 13).

우리의 뜻을 하나님께 복종시키지 않으면, 하나님께서도 초자연적으로 우리에게 능력을 주실 수 없다. 우리의 의지가 하나님의 의지와 일치하지 않는 한 우리는 자신의 의지 아래 활동한다. 하나님의 목적은 우리의 의지를 깨뜨리는 데 있는 것이 아니다. 하나님은 우리가 반역을 멈추고 승리를 발견하기를 원하신다. 우리가 승리를 얻도록 하기 위해서 하나님은 우리가 하나님께 복종하고 마귀를 대적하라고 명령하신다. 우리의 뜻을 하나님께 복종시킬 때 우리는 마귀를 대적할 수 있게 된다.

"그런즉 너희는 하나님께 복종할지어다 마귀를 대적하라 그리하면 너희를 피하리라"(약 4:7).

예수님은 우리를 대신하여
저주를 받으시고 마귀를 이기셨다.

우리가 이미 충분히 고통을 겪었을까? 어떤 사람들은 자신의 죄에 대한 수치와 죄책은 자기가 스스로 감당해야 한다고 생각한다. 그렇게 생각해서는 안 된다. 우리가 계속 과거의 죄와 죄악으로 인한 죄책과 수치 속에 사는 것은 곧 십자가 위에서 이루신 그리스도의 사역을 모욕하는 것이 된다.

"그리스도께서 우리를 위하여 저주를 받은 바 되사 율법의 저주에서 우리를 속량하셨으니 기록된 바 나무에 달린 자마다 저주 아래에 있는 자라 하였음이라 이는 그리스도 예수 안에서 아브라함의 복이 이방인에게 미치게 하고 또 우리로 하여금 믿음으로 말미암아 성령의 약속을 받게 하려 함이라"(갈 3:13, 14).

"그가 우리를 대신하여 자신을 주심은 모든 불법에서 우리를 속량하시고 우리를 깨끗하게 하사 선한 일을 열심히 하는 자기 백성이 되게 하려 하심이라"(딛 2:14).

우리는 예수의 피로 말미암아 "하나님의 의"가 되었다. 하나님은 우리를 죄인으로 여기지 않고 의인으로 여기신다. 하나님은 우리를 부끄럽게 여기지 않고 자랑스럽게 여기신다. 우리가 선한 행위나 회개의 행동에 의해서 하나님으로부터 이러한 지위를 산 것이 아니다. 이것은 구원의 일부이다. 지금은 우리 자신에 대한 이미지를 우리에 대한 하나님의 견해에 맞춰야 할 때이다.

"하나님이 죄를 알지도 못하신 자로 우리를 대신하여 죄를 삼으신 것은 우리로 하여금 저의 안에서 하나님의 의가 되려 하려 하심이니라"(고후 5:21).

하나님의 말씀에 따르면 우리는 질병뿐만 아니라 죄와 죄악과 허물로 인한 수치와 죄책에서 나음을 받았다. 우리는 믿음으로 치유를 받아들여야 한다.

> "그가 찔림은 우리의 허물을 인함이요 그가 상함은 우리의 죄악을 인함이라 그가 징계를 받음으로 우리가 평화를 누리고 그가 채찍에 맞음으로 우리가 나음을 입었도다"(사 53:5).

앞에서 아담이 범죄했을 때에 얻은 사탄의 승리에 대해서 생각해 보았다. 사탄은 자신이 승리했다고 믿었다. 인간은 갈등의 희생자였지만 마귀는 개의치 않았다. 그러나 하나님은 우리를 염려하신다. 우리를 사랑하신다. 하나님은 우리의 죄에 대한 형벌을 담당하고 우리 가계의 죄악으로 인한 저주를 역전시키기 위해서 예수님을 보내신다.

> "…하나님의 아들이 나타나신 것은 마귀의 일을 멸하려 하심이라"(요일 3:8).

모든 권위는 하나님께 있다

우리는 자신의 권위의 계보를 알아야 한다. 우리에게 권위가 있는가? 그것은 어떤 권위이며, 어떻게 작용하는가? 왜 하나님께서 그것을 우리에게 주셨을까?

하나님은 모든 권위와 권세의 원천이시다. 하나님은 왕 중 왕이요 만주의 주시다. 교만한 느부갓네살 왕은 많은 어려움을 당한 후에야 이 사실을 깨닫고, 마침내 하늘을 바라보며 이렇게 말했다.

> "땅의 모든 사람들을 없는 것 같이 여기시며 하늘의 군대에게든지 땅의 사람에게든지 그는 자기 뜻대로 행하시나니 그의 손을 금하든지 혹시 이르기를 네가 무엇을 하느냐고 할 자가 아무도 없도다"(단 4:35).

하나님은 자신의 권위를 예수께 위임하셨다. 다니엘의 눈을 통해서 권력의 홀이 움직이는 것을 보자.

> "내가 또 밤 환상 중에 보니 인자 같은 이가 하늘 구름을 타고 와서 옛적부터 항상 계신 이에게 나아가 그 앞으로 인도되매 그에게 권세와 영광과 나라를 주고 모든 백성과 나라들과 다른 언어를 말하는 모든 자들이 그를 섬기게 하였으니 그의 권세는 소멸되지 아니하는 영원한 권세요 그의 나라는 멸망하지 아니할 것이니라"(단 7:13, 14).

예수님은 자신의 권위를 신자들에게 위임하셨다. 우리 스스로의 노력으로 그것을 획득할 수는 없다. 우리에게는 그 권위를 누릴 자격이 없지만, 그럼에도 불구하고 예수님은 권위를 선물로 주셨다. 예수님의 권위의 홀을 받아 우리 가계의 죄악에서 해방되기 위해서 그것을 사용하자.

> "내가 너희에게 뱀과 전갈을 밟으며 원수의 모든 능력을 제어할 권능을 주었으니 너희를 해칠 자가 결코 없으리라"(눅 10:19).

예수 이름의 권세를 이용하라.

예수님의 이름이 흔히 사용된다고 해서 그 이름의 능력을 망각해서는 안 된다. "예수"라는 이름은 모든 이름 위에 뛰어난 이름이다. 그 이름을 들을 때에 마귀는 두려워 떨고, 천사들은 날기 시작하며, 병자들은 그 이름의 능력에 의해서 나음을 받는다. 악한 것들은 예수의 이름에 맞서지 못한다. 예수의 이름 앞에서 우리 가계의 죄악은 굴복할 수밖에 없다.

> "믿는 자들에게는 이런 표적이 따르리니 곧 그들이 내 이름으로 귀신을 쫓아내며 새 방언을 말하며 뱀을 집어올리며 무슨

독을 마실지라도 해를 받지 아니하며 병든 사람에게 손을 얹은즉 나으리라 하시더라"(막 16:17, 18).

"그 날에는 너희가 아무 것도 내게 묻지 아니하리라 내가 진실로 진실로 너희에게 이르노니 너희가 무엇이든지 아버지께 구하는 것을 내 이름으로 주시리라 지금까지는 너희가 내 이름으로 아무 것도 구하지 아니하였으나 구하라 그리하면 받으리니 너희 기쁨이 충만하리라"(요 16:23, 24).

왜 예수님은 자기 이름을 통하여 우리에게 능력을 주셨을까? 그것은 하나님께 영광을 돌리기 위해서였다. 우리가 가문의 죄악에서 해방될 때 즉 우리의 삶, 우리 자녀의 삶, 그리고 우리 후손들의 삶 안에 있는 원수의 요새와 고지에서 해방될 때 그 승리가 하나님께 얼마나 큰 기쁨이 될지 생각해보자. 처음에 마귀는 아담과 하와를 유혹하여 범죄하게 만들고 의기양양했지만, 최종적으로 우리 삶에서 사탄 및 죄의 속박을 깨뜨리고 웃는 분은 하나님이시다.

"너희가 내 이름으로 무엇을 구하든지 내가 행하리니 이는 아버지로 하여금 아들로 말미암아 영광을 받으시게 하려 함이라 내 이름으로 무엇이든지 내게 구하면 내가 행하리라"(요 14:13, 14).

예수님 보혈의 능력을 선포하라.

예수님의 보혈이 없으면 구원에 선행하는 모든 단계들이 무익하다. 우리를 죄와 죄악에서 씻어주는 것은 예수님의 피다. 예수님의 피는 우리를 아버지와 화목시켜 주고, 사망을 이기게 해주며, 모든 일을 가능하게 해준다. 우리가 가계의 죄악을 정복하는 단계들은 십자가에서, 그리고 예수님이 흘리신 피와 더불어 시작되고 거기서 끝난다. 사탄은 완전히 농락당했다. 사탄은 우리가 집행유예 없이 실형을 선고받았으며 용서를 받지 못할 것이라고 생각했다. 그러나 하나님은 우리를 지극히 사랑하셨기 때문에 우리를 자유하게 하려고 예수님을 보내어 죽게 하셨다.

"예수께서 대답하시되 진실로 진실로 너희에게 이르노니 죄를 범하는 자마다 죄의 종이라 종은 영원히 집에 거하지 못하되 아들은 영원히 거하나니 그러므로 아들이 너희를 자유롭게 하면 너희가 참으로 자유로우리라"(요 8:34-36).

"율법을 따라 거의 모든 물건이 피로써 정결하게 되나니 피흘림이 없은즉 사함이 없느니라"(히 9:22).

저주가 끊어졌음을 선언하라.

이제 우리는 가계에 흐르는 죄악과 관련하여 믿음의 선언을 해야 한다. 우리는 하나님의 말씀으로 충만하며, 말씀은 우리의 믿음을 세워주었다. 하나님께서 주신 권위를 사용하여 담대하게 우리가 가계에 흐르는 죄악을 이겼음을 선포하자. 우리로 하여금 승리자가 되지 못하게 해온 것들을 낱낱이 열거하자. 하늘과 지옥으로 하여금 우리의 해방 선언을 목격하게 하자. 믿음으로 가득한 우리의 증거는 마귀의 등을 치는 최후의 일격이 된다.

"또 우리 형제들이 어린 양의 피와 자기들이 증언하는 말씀으로써 그를 이겼으니 그들은 죽기까지 자기들의 생명을 아끼지 아니하였도다"(계 12:11).

믿음이 가득한 우리의 말은 화약에 불을 당기는 성냥이 되어 우리의 삶에서 가계의 죄악을 폭파시켜 버릴 것이다. 우리 안에 있는 하나님의 권세와 권위는 언제라도 튕겨오를 수 있는 용수철과 같아서 우리가 말로 그것을 풀어놓으면 잠재해 있던 능력이 솟아나 우리의 궁핍한 영역으로 들어간다.

"예수께서 그들에게 대답하여 이르시되 하나님을 믿으라 내가 진실로 너희에게 이르노니 누구든지 이 산더러 들리어 바다에 던져지라 하며 그 말하는 것이 이루어질 줄 믿고 마음에 의심하지 아니하면 그대로 되리라"(막 11:22, 23).

우리의 말이 하늘과 땅에서 권위를 갖는다. 우리의 입에는 사탄의 역사, 즉 가문의 죄악들을 속박하며 우리의 삶에 하나님의 축복을 부여하는 능력이 있다.

". …너희가 땅에서 매면 하늘에서도 매일 것이요 무엇이든지 땅에서 풀면 하늘에서도 풀리리라"(마 18:18).

우리가 자신에 대해서 스스로에게 하는 말 역시 매우 중요하다. 우리는 자신이 이미 죽어 땅에 묻혔음을 알고 있는가? 우리는 구원을 받을 때 예수님의 죽음과 부활에 동참했다. 자신에게 "나는 죄에 대해서 죽고 하나님에 대해서 살았다"라고 말하라.

"우리가 알거니와 우리의 옛 사람이 예수와 함께 십자가에 못 박힌 것은 죄의 몸이 죽어 다시는 우리가 죄에게 종 노릇 하지 아니하려 함이니"(롬 6:6).

"이와 같이 너희도 너희 자신을 죄에 대하여는 죽은 자요 그리스도 예수 안에서 하나님께 대하여는 살아 있는 자로 여길

지어다"(롬 6:11).

우리와 자녀의 삶에 축복을 선포하자.

우리 자신과 가족들에 대하여 다른 사람들이 하는 말보다는 우리의 말이 더 중요하다. 우리의 말에는 능력이 있다. 우리는 자신의 말에 의해서 자신과 가정을 축복할 수도 있고 저주할 수도 있다. 하나님의 말씀에 의거하여 축복을 말할 때 우리는 자신이 처한 환경에 하나님의 최선의 것을 부여한다. 우리는 하늘 아버지로부터 복을 유업으로 받아 가지고 있으므로 그것을 우리 자신과 자녀들 위에 선포해야 한다.

> "그리스도께서 우리를 위하여 저주를 받은 바 되사 율법의 저주에서 우리를 속량하셨으니…이는 그리스도 예수 안에서 아브라함의 복이 이방인에게 미치게 하고"(갈 3:13, 14).

> "찬송하리로다 하나님 곧 우리 주 예수 그리스도의 아버지께서 그리스도 안에서 하늘에 속한 모든 신령한 복으로 우리에게 복 주시되"(엡 1:3).

이제 우리는 가계의 죄악으로 인한 저주가 정복되고 그 대신 하나님의 축복을 받은 자로 살아야 한다. 새로운 출발이 시작되었고 새 날이 밝았다.

워크 시트

다음은 우리 삶에 있는 가계의 죄악을 영구적으로 파괴하는 데 도움이 되는 단계들이다. 각 단계에 대한 자신의 반응을 기록한 뒤 때때로 그것들을 참고하자. 성급하게 다음 단계로 나가려 하지 말고 각 단계에 충분한 시간을 배정하자.

제1 단계

- 성령의 도움을 받아 부모와 조상들의 죄와 죄악을 기억해내고, 그것들을 자백하라.
- 가능한 한 멀리 거슬러 올라가 조상들의 이름을 기록하라(혹시 이름을 알지 못한다면, 그들과의 관계, 즉 조부, 또는 증조부 등을 기록하라).
- 각각의 조상들에 관해 묵상하면서 그들이 빠졌던 죄악들을 기록하라. 충분한 시간을 할애하라.
- 조상들의 죄를 자기의 죄인 듯이 고백하라.

제2 단계

- 개인적으로 조상들의 죄악을 용서하라.
- 1단계에서 작성한 목록을 보면서 이미 세상에 없는 조상들을

가장 먼 조상들부터 시작하여 하나님께 그들의 죄악들을 용서해 달라고 부탁하라.

제3 단계

- 살아 있는 조상들의 특별한 죄를 용서해달라고 하나님께 구하라.
- 살아계신 부모님과 조부모님의 죄악들을 조사해보라.
- 죄와 죄악에 의해서 우리에게 상처를 준 사람들을 용서하기로 믿음을 가지고 결정하라.

제4 단계

- 가계의 죄악에 참여했음을 자백하라.
- 자신의 죄악에 대한 책임을 인정하라.
- 조상들이 하나님께 행한 죄악에 자신이 참여했음을 자백함으로써 마귀가 요새를 만들지 못하게 하라.

제5 단계

- 우리를 용서하고 깨끗하게 해달라고 하나님께 청하라.
- 가계의 죄악에 참여했음과 그에 대한 책임을 인정한 후에는 용서를 구하라.

제6 단계

- 자신의 뜻을 하나님께 복종시키라.
- 승리를 확고히 하기 위해서 우리의 삶을 위한 하나님의 계획에 복종하라.
- 하나님께 우리의 뜻을 복종시키면, 우리에게 초자연적인 능력이 주어져 우리는 승리자가 될 것이다.

제7 단계

- 예수께서 우리를 위해 저주를 받으시고 마귀를 이기셨다.
- 예수께서 우리의 수치를 대신 지셨으므로, 우리는 그것을 지고 있을 필요가 없다.
- 하나님께서 죄의식을 낮게 하시고 의에 대한 의식으로 변화시키라.

제8 단계

- 하나님은 모든 권위를 소유하신다.
- 모든 권위를 소유하신 하나님께서 그 권위를 예수께 위임하셨다.
- 예수께서는 자신의 권위를 모든 거듭난 신자들에게 위임하였고, 우리에게 가문의 죄악과 마귀의 모든 역사에서 해방될 수

있는 능력을 주셨다.

제9 단계

- 예수님의 이름의 권위를 사용하라.
- "예수"라는 이름을 가계의 죄악에 적용하라. 거론되는 모든 것은 예수의 이름 앞에서 그 이름을 사용하는 신자의 권위와 예수님의 권위 아래 놓인다.

제10 단계

- 예수님의 피의 능력을 선언하라.
- 예수께서는 자신이 흘린 피로써 모든 가계의 죄악에서 우리를 자유하게 하셨다.

제11 단계

- 가계에 흐르는 저주가 깨졌음을 선언하라.
- 이미 작성한 가계의 죄악 목록을 보면서, 그 죄악을 하나씩 열거하면서 믿음의 말로 그 죄악에 대한 자신의 승리를 선언하라.
- 말로써 각각의 상황에 하나님의 능력을 선언하라. 예수님의 피와 우리의 증거가 마귀를 정복할 것이다.

- 자신의 권위를 사용하여 원수의 역사를 결박하고, 하나님의 축복을 자신 및 자녀들의 삶에 부여하라.
- 가계의 죄악들에 대해 하나님의 진리만 이야기하라. 우리는 죄에 대해서는 죽고 하나님께 대해서 살았다.

제12 단계
- 자신의 삶과 자녀들의 삶 위에 축복의 말을 하라.
- 우리 자신과 가정 위에 축복의 말만 해야 한다. 우리의 말에는 축복하거나 저주하는 능력이 있기 때문이다.

제7장

저주로부터의 자유

"그러므로 아들이 너희를 자유케 하면 너희가 참으로 자유하리"(요 8:36).

앞 장에서 우리는 가계에 흐르는 저주를 깨뜨리고 축복이라는 유산을 확고히 하는 데 필요한 단계들에 대해 살펴보았다.

우리가 거듭 날 때에 가계의 죄악은 깨지는 데 그치지 않고 역전되며, 하나님은 저주받았던 영역에서 우리를 축복하신다. 이제 우리는 정말로 자유하다. 다시는 과거의 죄악과 싸울 필요가 없다는 것이 아니라 가계의 저주를 역전시키는 데 있어서 중요한 단계를 이미 취한 것이다. 과거에는 연약했던 곳에서 이제는 튼튼하다. 우리는 가계의 장래를 위한 길을 확고히 했으며, 믿음으로 대대로 축복 안에서 행하게 만들 수 있다.

풍성한 삶

하나님의 말씀은 풍성한 삶을 약속한다. 우리 자신 및 우리 가정을 이제까지 여러 해 동안 속박해온 죄악은 사실상 우리의 것이 아니었다. 출애굽기 20장 5절에서는 하나님을 미워한 조상의 죄가 삼사 대에까지 전달된다고 말한다. 거듭 난 사람은 성령에 의해서 하나님의 사랑이 자기 마음에 부어졌으므로 가계에 흐르는 저주를 받을 조건이 없다(롬 5:5을 보라). 하나님을 자기를 사랑하는 사람을 축복하시되 그 자손을 수천 대까지 축복하신다.

혹 "내가 거듭났고 예수님이 이전에 저주받았던 내 삶의 여러 부분을 축복하셨다면, 왜 그러한 죄악들이 아직도 쉬지 않고 내 삶 속에서 작용하는 것인가?"라고 질문하는 사람이 있을 것이다. 그것은 그 부분에 대해서는 제대로 대처하지 않았기 때문이다. 대체로 기독교인들은 어떤 일의 근원을 공격하지 않고 그 증세들을 공격한다. 예를 들어, 만일 우리 자녀가 학교에서 부정한 행동을 했다면, 아마 우리는 그 행위의 근본 원인이 무엇인지를 알아내기보다는 잘못된 행동 자체에 초점을 둘 것이다. 우리 자녀가 부정한 행위를 하게 된 원인은 학급 내의 불량 학생이나, 학생을 학대하는 담임 교사에게 있을 수도 있다. 우리 자신 및 그리스도 안에 있는 우리의 유산에 대해서 성경이 무엇이라고 말하는지 알지 못한다면, 구원 받은 후에도 마귀를 계속해서 우리를 괴롭히고, 우리 자신 및 후손들을 죽이고 파괴할 것이다.

영혼 성화

우리는 거듭날 때에 분명히 새로운 영과 새로운 성품을 받았다. 우리는 썩지 않을 씨, 예수 그리스도, 우리를 거룩하게 하여 주인이 쓰시도록 구분하신 분을 받아들였다. 참된 우리의 자아, 새로 지음을 받은 우리의 영은 하나님께 범죄하기를 원하지 않는다. 물론 속사람은 과거의 죄를 되풀이하기를 원하지 않지만, 불법의 비밀이 아직도 옛 본성 안에서 일하고 있기 때문에 많은 사람들은 때때로 실수를 한다. 그 이유는 무엇일까? 우리의 전인이 아니라 일부분만 예수 그리스도의 주권에 굴복되었기 때문이다.

성화sanctification라는 단어는 "거룩하게 구분하다"라는 뜻이다. 그리스도의 몸 안에 있는 많은 사람들은 구원 받을 때에 그들의 영 안에서 발생한 성화의 사역을 알고 있다. 그러나 이 과정이 지·정·의가 거주하는 그들의 영혼 안에서도 발생해야 한다는 것을 이해하는 사람들은 거의 없다.

"평강의 하나님이 친히 너희를 온전히 거룩하게 하시고 또 너
희의 온 영과 혼과 몸이 우리 주 예수 그리스도께서 강림하실

때에 흠 없게 보전되기를 원하노라"(살전 5:23).

우리의 영혼이 성화되거나 주님을 위해 구분되어 거룩하게 되지 않는 한, 가계에 흐르는 죄악은 계속 우리 자신과 우리 후손들을 지배할 것이다. 우리는 겉으로는 고결하고 모범적인 생활을 하지만 속으로는 심한 알코올 중독자이거나 자녀를 학대하는 사람들의 이야기를 듣곤 한다.

죄는 영혼 안에서 시작되므로, 성화도 영혼 안에서 이루어져야 한다. 사람이 하루 아침에 도둑이 되기로 결심하고 도둑이 되는 것은 아니다. 그는 오랫동안 마음 속으로 그러한 생각을 품고 있다가 어느 순간에 그것을 행동으로 옮긴다.

우리 영혼을 거룩하게 하는 좋은 방법 중의 하나는 하나님의 말씀을 읽는 것이다. 그러면 하나님의 말씀이 우리 마음과 뜻과 감정에서 하나님의 뜻을 방해할 가능성이 있는 모든 것을 깨끗이 제거해줄 것이다. 이 주제에 대해서는 다음 장에서 더 자세히 다루겠다. 어쨌든 날마다 성경을 읽으면 우리 영혼을 더럽힐 가능성이 있는 악한 씨앗들을 깨끗이 제거할 수 있다. 혹시 화를 내거나 앙심을 품거나 불평하는 것이 당연하다고 생각하는 사람도 있을 것이다. 그러나 데살로니가전서 5장 23절은 우리의 "온 영과 혼과 몸"이 거룩하게 되어야 한다고 말한다. 야고보서도 이 진리를 증언한다.

"너희 중에 싸움이 어디로부터 다툼이 어디로부터 나느냐 너희 지체 중에서 싸우는 정욕으로부터 나는 것이 아니냐"(약 4:1).

영혼의 성화는 하나의 과정이다. 우리가 자기 존재의 여러 부분(혼과 몸)은 예수 그리스도의 주권에 복종시키는 것으로 충분하지 못하다. 우리의 전인이 주님이 쓰심을 위해 성화되어야 한다. 가계의 죄악을 깨뜨리는 목적들 중 하나는 이 성화의 과정이 일어나도록 함으로써 우리가 삶의 모든 영역에서 그리스도 안에 있는 완전한 자유를 소유하게 되는 데 있다.

아브라함의 축복

"너를 축복하는 자에게는 내가 복을 내리고 너를 저주하는 자에게는 내가 저주하리니…"(창 12:3).

우리 가정에는 축복이 보장되어 있다. 아브라함은 믿음으로 하나님의 축복을 받았다. 발람은 이스라엘 백성에게 저주를 선언하라는 권유를 받았지만, 이스라엘은 아브라함의 허리 안에서 축복을 받았기 때문에 발람은 그들을 저주할 수 없었다. 모압 왕은 발람에게 화를 내면서 "그대가 어찌 내게 이같이 행하느냐 나의 원수를 저주하라고 그대를 데려왔거늘 그대가 온전히 축복하였도다"라고 말했고, 발람은 "하나님이 저주치 않으신 자를 내 어찌 저주하며 여호와께서 꾸짖지 않으신 자를 내 어찌 꾸짖을꼬"라고 대답했다.

우리 자신과 우리의 가계에도 같은 원리가 적용된다. 우리는 대대로 이어지는 가계의 축복에 대한 하나님의 말씀의 진리를 알고 있으며, 하나님의 최선의 것이 아닌 것으로는 결코 만족하지 못할 것이다. 이제 우리는 다시는 마귀의 실없는 소리를 참고 들을 필요가 없다는 것을 안다. 혹시 이미 정복된 것의 징후들이 다시 나타난다면, 우리는 삶의 그 부분에게 하나님의 말씀을 선포할 수 있다. 우리는 갈라디아서 3장 13절을 이용하여 우리가 저주에서 속량되었으며 우리 가계는 축복만 물려받을 수 있다고 마귀에게 말할 수 있다.

많은 신자들은 자기들이 마귀를 영구히 패배시킬 수 있다고 생각하는데 이것은 잘못이다. 마귀는 동일한 가계의 약점들을 가지고 우리를 거듭 공격할 수도 있다. 그럴 때면 단지 성경에 기록된 말씀으로 그를 대적해야 한다.

허물(권리 침해)에 따른 상처

성화된 영혼은 예수 그리스도 안에서 치유되어 완전하게 되었으며 허물로 인한 상처가 들어올 수 없는 사람이다. 그들의 마음과 뜻과 감정에서 과거의 상처와 죄악이 깨끗이 제거되었으며, 그들은 자유로이 예수 그리스도의 주권에 복종한다.

허물로 인한 상처는 마음과 뜻과 감정에 좋지 않은 영향을 주며 그 사람의 중심을 꿰뚫는다. 딱지가 앉으면 낫는 자연적인 상처와는 살리, 영혼의 상처는 예수님의 피에 의해서만 나을 수 있다. 예수님의 피에 의해서 낫지 못하면, 그것들은 암세포처럼 곪고 다른 곳으로 전이될 것이다.

영혼의 상처는 허물(권리 침해) 때문에 생긴다. 제1장에서 우리는 "허물"이란 "이미 세워진 경계를 넘어서는 것"을 의미한다고 살펴보았다. "허물"에는 다른 사람의 존재를 모독하는 것이라는 의미도 포함된다.

허물에는 여러 형태가 있다. 우리는 다른 사람에게 하는 말이나 그들에 대해 하는 말에 의해서, 또는 그들에게 폭력이나 강간 등의 행동을 함으로써 그 사람의 권리를 침해하는 죄를 범할 수 있다. 사람들은 누구나 권리 침해에 따른 상처를 경험한 적이 있으며, 의도적으로든 무의식적으로든 우리 모두가 다른 사람들의 권리를 침범한다.

"허물"에는 "상처를 입히다"라는 뜻도 있다. 우리가 어떤 사람의 권리를 침해하고 그들에게 상처를 입힌다면, 우리는 실제로 그 사람을 매우 아프게 만드는 상처나 멍을 들게 하는 것이며, 그 사람은 평생 동안 그 일을 기억할 것이다.

잠언 18장 8절은 "남의 말 하기를 좋아하는 자의 말은 별식과 같아서 뱃속 깊은 데로 내려가느니라"고 말한다. 이 구절에서 우리는 "지팡이와 돌은 뼈를 상하게 하지만 말은 나를 상하게 만들지 못할 것이다"라는 옛 말이 마귀의 거짓말임을 알 수 있다. 허물은 아주 치명적이다.

고린도후서 12장 7절에서 사도 바울은 사탄이 자기를 괴롭히기 위해 보낸 사자인 육체의 가시에 대해 말한다. 우리에게 가해진 허물은 우리의 삶과 우리 후손을 위한 하나님의 뜻을 방해하고 우리를 노하게 만들기 위해서 보낸 사탄의 사자, 혹은 가시라고 생각해도 좋다.

만일 우리가 자신에게 가해진 허물로 인한 상처를 지니고 있다면, 혹은 우리가 다른 사람에게 가한 허물로 인한 상처를 가지고 있다면, 지금이야말로 그에 대한 죄의식과 고통에서 해방될 기회이다. 우리가 신생할 때에 예수께서 우리를 죄에서 해방시켜 주셨지만, 많은 신자들은 여전히 허물로 인한 상처에 집착하여 그것들을 더 악화시킬 수도 있다. 그들은 그 상처를 억지로 감추지만, 결국은 고통을 기억하게 만드는 일이 발생한다. 그렇게 되면 그들은 같은 경험을 되풀이하게 된다. 어떤 사람들은 이 일에서 위로를 발견하기도 하지만, 이러한 허물에 집착하는 것은 히브리서 기자가 말한 바 솟아나서 우리를 망칠 쓴 뿌리이다. 예수님의 피에는 능력이 있어 우리를 죄와 허물에서 깨끗이 해줄 수 있다.

가정 내의 권리 침해

허물(권리 침해)은 사람들을 다치게 하며 가족 관계를 파괴할 수도 있다. 그것은 하나님께 대한 심각한 범죄이다. 죄와 범죄와 죄악이 그렇듯이, 권리 침해도 에덴동산에서 아담과 하와와 더불어 시작되었다. 그들이 선악과 열매를 따먹어 하나님께 범죄한 후에 "불법의 비밀"이 작동하기 시작하여 그들의 후손들에게로 전해내려갔다. 창세기 4장에서 그들의 아들 가인은 동생 아벨을 죽여 가계에 흐르는 죄악의 출발점이 되었다. 이것은 하나의 권리 침해(허물)였으며, 아벨의 피는 땅에서 복수를 외쳤다.

창세기 31장 36절에서 야곱은 삼촌 라반에게 화를 내면서 "내 허물이 무엇이니이까"라고 물었다. 야곱은 자신이 여러 번 형 에서의 권리를 침해한 적이 있었기 때문에 권리 침해가 얼마나 나쁜 것인지를 잘 알고 있었다. 그러나 그의 삼촌 라반은 만만치 않은 적수였다. 그는 기회가 있을 때마다 야곱의 권리를 침해했다. 라반은 7

년 동안 야곱이 수고한 결과를 착취했고, 약속한 라헬이 아닌 레아를 아내로 주었을 뿐만 아니라 라헬을 아내로 얻기 위해서 다시 7년 동안 일하게 만들었고, 야곱의 품삯도 열 번이나 바꾸었다.

천사와 씨름하여 이름을 이스라엘이라고 바꾼 야곱은 아들 요셉에게 그의 권리를 침해한 형들을 용서해주라고 말했다. 요셉의 형들은 아버지가 요셉을 편애했고 또 하나님께서 요셉에게 맡기실 소명을 알았기 때문에 요셉을 미워했다. 형들은 요셉에게서 아버지가 만들어준 채색옷을 벗기고 요셉을 구덩이에 던져 넣고 죽이겠다고 위협하고 미디안 사람들에게 노예로 팔아넘긴 후 아버지에게 거짓말을 했다.

권리 침해는 우리에게 깊은 상처를 줄 수 있다. 형들의 행동이 요셉에게 깊은 상처를 줄 수도 있었겠지만. 요셉은 형들을 용서했다. 그는 자기에게 일어난 일들은 자기를 지으시고 고귀하게 만들며 이스라엘의 후손들을 보존하시려는 하나님의 계획의 일부였음을 알았다.

예수께서 갈보리 언덕에서 예비하셨으므로 우리는 아무리 큰 허물로 인한 상처에서도 해방될 수 있다. 하나님께서 요셉을 가족들과 재결합시켜 주셨을 때 요셉은 감정에 압도되어 여러 번 울었다. 그는 형들이 용서를 빌었을 때도 울었다. 특히 과거 형들의 행동이 남긴 표식, 또는 가시가 무겁게 누를 때 가장 심하게 울었을 것이다. 요셉의 눈물은 하나님께서 그를 형들의 허물로 인한 결과에서 해방시켜 주시고 자유로이 용서하고 진정으로 자유롭게 만들어 주시기 위해서 행하신 방법이었다.

진실한 죄 고백

레위기 5장에 따르면 이스라엘 사람이 다른 사람의 권리를 침해했을 때에, 그는 속죄제물을 드리고, 죄를 대속하기 위해서 그 제물의 값의 5분의 1에 해당되는 것을 가져와야 했다. 예를 들어 양 한 마리를 제물로 드린다면, 양 값의 20퍼센트에 해당하는 것을 속죄제로 제사장에게 바쳐야 했다. 만일 우리가 자신의 행동에 대한 책임을 지면서 무엇인가를 대가로 지불했다면, 후에 똑같은 행동을 하고픈 유혹을 받을 때에 그 행동에 따를 결과를 보다 쉽게 기억하게 될 것이므로, 이런 식으로 권리 침해에 대해 제물을 바치게 했을 것이라고 생각된다.

예수님은 우리의 대제사장이시며, 우리는 속죄제물을 직접 주님께 가져갈 수 있다. 그러나 하나의 허물이 죄가 된다면, 그것은 죄악이 되어 대대로 전해진다. 앞에서 살펴본 바와 같이, 죄악을 고백하고 조상들의 죄에 참여한 일 및 그 죄악이 지속되게 만드는 데 있어서 우리가 행한 역할을 회개하며 예수의 피를 적용할 때에만 죄악은 깨뜨려진다.

오늘날 미국에는 인디언들이 학대받은 곳을 방문하여 과거 조상들이 그들의 권리를 침해했던 허물을 회개하고 용서를 구하는 사람들이 있다. 또 아프리카로 가서 과거에 조상들이 흑인들을 노예로 팔아넘겼던 장소에서 기도하는 사람들도 있다. 그 이유는 무엇일까? 자신의 허물을 회개할 때에, 자신이 처한 상황이 깨끗해지기 때문이다.

그들이 자기 죄와 그 열조의 죄와 및 그들이 나를 거스린 허물을 자복하고 또 자기들이 나를 대항하였으므로 나도 그들을 대항하여 그 대적의 땅으로 끌어갔음을 깨닫고 그 할례받지 아니한 마음이 낮아져서 그 죄악의 형벌을 순히 받으면 내가 야곱과 맺은 내 언약과 이삭과 맺은 내 언약을 생각하고 그 땅을 권고하리라(레 26:40-42).

재난을 몸으로 막음

다윗은 사울 왕을 피해 도망 다니던 때에 도둑과 강도들에게서 나발이라는 사람의 양을 지켜주었다. 마침 양의 털을 깎는 시기가 되어, 나발은 큰 잔치를 벌였다. 다윗과 그 부하들은 배가 고팠다.

다윗이 부하 열 명을 나발에게 보내어 "당신의 음식 일부를 우리에게 나누어 주시겠습니까? 나와 내 부하들이 궁핍합니다. 게다가 우리는 당신의 부하들과 양떼를 보호해 주었습니다"라고 말했다. 교만하고 오만한 나발은 이렇게 대답했다: "…다윗은 누구며…내가 어찌 내 떡과 물과 내 양털 깎는 자를 위하여 잡은 고기를 가져 어디로서인지 알지도 못하는 자들에게 주겠느냐"(삼상 25:10, 12).

부하들로부터 나발의 반응에 대하여 보고를 들은 다윗은 전쟁을 준비했다. 이 사실을 안 나발의 부인 아비가일은 즉시 다윗을 찾아가서 남편을 위하여 중재했다: "아비가일이 급히 떡 이백 덩이와 포도주 두 가죽 부대와 잡아 준비한 양 다섯과 볶은 곡식 다섯 세아와 건포도 백 송이와 무화과 뭉치 이백을 취하여 나귀에 싣고"(삼상 25:18).

다윗과 그의 부하 사백 명을 만난 아비가일은 급히 나귀에서 내려 나발의 허물을 용서해달라고 간청했다. 아비가일은 이렇게 말했다.

> "…내 주여 원하건대 이 죄악을 나 곧 내게로 돌리시고 여종에게 주의 귀에 말하게 하시고 이 여종의 말을 들으소서…주의 여종의 허물을 용서하여 주옵소서 여호와께서 반드시 내 주를 위하여 든든한 집을 세우시리니 이는 내 주께서 여호와의 싸움을 싸우심이요 내 주의 일생에 내 주에게서 악한 일을 찾을 수 없음이니이다"(삼상 25:24, 28).

아비가일은 "남편의 죄악을 내게로 돌리십시오"라고 말했다. 아마 많은 사람들은 "나 자신에게도 대처해야 할 문제가 많으므로, 남편의 문제에 대해서는 책임을 질 수 없다. 남편 문제는 남편 자신이 책임질 것이다. 남편이 죽으면 나는 많은 유산을 물려받게 될 것이고, 그렇게 되면 요트를 사서 세계 일주를 해야겠다"라고 말할 것이다. 그러나 아비가일은 남편에게 임할 재난을 몸으로 막았고, 남편의 죄와 허물을 자신의 것인 양 자백하였다. 아비가일은 남편과 다윗 사이의 불화를 중재함으로써 남편이 처한 상황에서 죄악을 제거했다.

에스겔 22장 30절에서는 "이 땅을 위하여 성을 쌓으며 성 무너진 데를 막아 서서 나로 하여금 멸하지 못하게 할 사람을 내가 그 가운데에서 찾다가 찾지 못하였으므로"라고 말한다. 우리 자신이나 다른 사람이 허물에서 해방되기를 원한다면, 자기의 몸을 던져 불화를 중재해야 한다. 아비가일이 나발을 위해 몸을 아끼지 않고 중재했기 때문에 다윗은 마음을 돌려 그들을 죽이지 않았다. 성경을 보면 하나님께서 나발을 심판하셔서 나발은 죽고, 아비가일은 다윗과 결혼하였다.

사람들은 본성적으로 불화의 틈새를 막기보다는 그 틈새를 지적하려 한다. 사람들은 다른 사람들의 행동을 용서해 달라고 하나님께 기도하기보다는 다른 사람들의 결함을 지적하려 한다. 사도행전 7장 60절을 보면 스데반은 돌에 맞아 죽으면서 자기를 죽이는 사람들을 용서해 주시기를 빌었다. 스데반은 하늘에서 불이 그들에게 내려오기를 기도할 수도 있었을 것이다. 그러나 그는 하늘을 바라보면서 "주여 이 죄를 그들에게 돌리지 마옵소서여"라고 말하고 숨을 거두었다.

예수님의 방법

마태복음 18장 35절과 누가복음 17장 4절에 따라 우리에게 범죄한 사람을 용서하자. 그리고 하나님께 그들을 용서해달라고 요청하자. 이사야 53장에서는 예수께서 우리의 허물 때문에 상하셨다고 말한다. 이 책을 읽는 독자들 중에도 상처를 입은 사람이 있을 것이다. 그는 마치 어린아이가 상처에 앉은 딱지를 떼어내어 다시 피가 흐를 때 하듯이 상처를 만지고 핥을 것이다. 그는 자신의 상처를 핥으면서 사람들에게 그 상처에 대해 말할 것이다.

내가 아는 부인이 어떤 사람에게 돈을 빌려 주었는데 그 사람은 돈을 갚지 않았다. 그 부인은 매일 이 일을 되새기면서 "그 사람은 나에게서 돈을 빌려가서 갚지 않았다"라고 말했다. 그 부인은 매주일 그 사람에 전화를 걸거나 편지로 "당신은 내 빚을 갚지 않고 있어요"라고 말했다. 그 부인은 이 상처를 계속 핥았기 때문에 상처는 더욱 악화되었다. 이 빚진 사람을 용서하지 않는 한 그 부인의 상처를 결코 낫지 않을 것이다.

마태복음 18장 15절에서는 사람들이 우리를 대적하여 범죄할 것인데 그런 일이 발생할 때에 어떻게 해야 하는지를 말해준다. 그런 일이 발생하면 우리는 대부분의 사람들이 자기에게 범죄한 사람들에게 행하는 것처럼 행동하지 말고 "…가서 너와 그 사람과만 상대하여 권고하라"고 가르친다. 기독교인들 중 99퍼센트는 가만히 그 범죄한 형제에게 가서 그의 잘못에 대해 말해주기보다는 먼저 다른 사람들에게 그 사실을 알릴 것이다. 그러나 하나님은 누가 우리에게 범죄했다면, 우리는 화를 내지 말고 화해의 정신을 가지고 그를 대면하여 "나는 당신이 정말로 의도적으로 이런 행동을 했다고 믿고 싶지 않지만 그렇게 생각됩니다"라고 말하라고 말씀하신다.

나는 사람들을 대적하고 싶지 않으며, 사람들이 나를 대적하는 것도 원하지 않는다. 나는 정말로 말씀을 행하는 자가 되고 싶기 때문에 말씀대로 행하는 연습을 한다. 이것만이 앞으로 닥칠 치명적인 상황을 치유하는 유일한 방법이다. 우리가 형제에게 다가가서 얽힌 일들을 깨끗하게 정리하지 않으면, 그에게 영구적인 상처를 입힐 수도 있다.

심은 대로 거둠

만일 발에 가시가 박혔는데 내가 직접 그것을 찾아낼 수 없다면, 다른 사람이 돋보기와 핀셋을 가지고 가시를 뽑아 주어야 한다. 갈라디아서 6장 7절은 심은 대로 거둔다고 말한다. 용서의 씨앗을 뿌린 사람은 용서를 거둘 것이다. 우리가 용서할 때 말씀은 우리를 자유하게 해주며 우리의 허물 때문에 죽어 잡초와 가시덩굴로 덮혀 있던 곳에 생명이 주어진다. 성령의 돋보기는 우리 마음 안에 있는 가시들의 위치를 확인하여 뽑아낼 것이다. 성령께서는 예수의 피로 우리를 깨끗하게 하며, 길르앗의 유향을 발라 우리를 온전하게 만들 것이다.

예수의 피는 우리 및 우리 가계를 깨끗이 해주셨다. 우리는 이미 가계에 흐르는 죄들을 제거했고, 우리 영혼은 말씀에 의해 씻겨지고 성화되었다. 우리가 다른 사람에게 입힌 허물과 다른 사람으로부터 입은 허물이 나음을 받았다. 우리는 더 이상 세상적인 이유를 댈 수 없다.

우리는 이미 예수의 이름과 어린양의 피로 과거의 죄악을 깨뜨리고 가게에 흐르는 죄악을 변화시켜 자손들이 수천 대까지 물려받을 축복으로 바꾸셨다. 우리는 저주가 아니라 축복을 상속받았다. 하나님의 아들이 자유하게 해준 사람은 진정으로 자유한 사람이며, 이 약속은 우리, 그리고 우리의 후손들을 위한 것이다.

제3부

우리의 후손

제8장

축복을 유산으로 받게 되다.

앞에서는 가계에 흐르는 저주와 축복의 중요한 요소들, 그리고 그것들이 개인들 및 그들의 가계와 어떻게 관련을 갖는지를 살펴보았다. 제1부에서는 가계에 흐르는 저주의 기원을 살펴보았고, 제2부에서는 예수께서 죽어 장사지낸 바 되었다가 부활하심으로써 저주를 축복으로 바꾸셨으며, 거듭 난 신자들은 모두 자유로이 가계의 축복을 물려받게 된다는 사실을 살펴보았다.

이 장에서는 우리가 축복을 확보하여 후손들에게 물려주기 위해서 행할 수 있는 특별한 몇 가지 일에 대해 살펴보려 한다. 우리는 가족들의 영적 성장에 직접적인 영향을 주어 좋은 토양에서 튼튼하고 건강한 뿌리를 가지고 자라 죽음이 아닌 생명을 생산하게 만들 수 있다. 만일 우리가 이미 개인적/국가적인 회개와 용서, 그리고 예수님의 보혈을 통해서 우리의 가계를 이미 깨끗이 했다면, 이미 영원한 축복을 거둘 단계는 시작된 셈이다.

좋지 않은 땅에 심겨졌기 때문에 죽어가는 식물을 비유로 들어보자. 죄악에서 깨끗이 정화된 가계는 과거의 좋지 않은 불모의 땅에서 예수 그리스도라는 비옥한 땅으로 옮겨 심겨야 한다. 이 과정을 완성한 후에는, 현 세대와 다음 세대를 위해 축복을 확보하며 이 축복을 유지하며 성숙한 가계를 양육하는 일에 초점을 둘 수 있다.

좋은 땅

자연계에서는 좋고 비옥한 땅에서만 건강하고 장성한 나무로 자랄 수 있다. 가계라는 나무 역시 마찬가지이다. 축복을 유산으로 상속하려면, 우리의 마음과 가족들의 마음에 하나님의 말씀의 씨를 뿌려야 한다. 우리는 좋은 땅에 영적인 씨앗을 심어야 한다. 하나님의 나라에서는 우리의 마음을 밭으로 비유한다. 하나님의 말씀의 씨앗은 우리의 마음에 뿌려져야 한다. 마음밭에 뿌려진 하나님의 말씀은 많은 열매를 맺을 수도 있고, 그다지 많지 않은 열매를 맺을 수도 있고, 전혀 열매를 맺지 못할 수도 있다. 하나님의 말씀의 씨앗이 뿌려진 마음은 여러 가지 형태의 밭으로 비유된다.

"씨를 뿌리는 자가 그 씨를 뿌리러 나가서 뿌릴새 더러는 길가에 떨어지매 밟히며 공중의 새들이 먹어버렸고 더러는 바위 위에 떨어지매 싹이 났다가 습기가 없으므로 말랐고 더러는 가시떨기 속에 떨어지매 가시가 함께 자라서 기운을 막았고 더러는 좋은 땅에 떨어지매 나서 백 배의 결실을 하였느니라…"(눅 8:5-8).

"이 비유는 이러하니라 씨는 하나님의 말씀이요 길 가에 있다는 것은 말씀을 들은 자니 이에 마귀가 가서 그들이 믿어 구원을 얻지 못하게 하려고 말씀을 그 마음에서 빼앗는 것이요 바위 위에 있다는 것은 말씀을 들을 때에 기쁨으로 받으나 뿌리가 없어 잠깐 믿다가 시련을 당할 때에 배반하는 자요 가시떨기에 떨어졌다는 것은 말씀을 들은 자이나 지내는 중 이생의 염려와 재물과 향락에 기운이 막혀 온전히 결실하지 못하는 자요 좋은 땅에 있다는 것은 착하고 좋은 마음으로 말씀을 듣고 지키어 인내로 결실하는 자니라"(눅 8:11-15).

이 비유에서 예수님이 언급하신 첫째 땅은 "길가"이다. 그것은 말씀을 머리로만 이해할 뿐 마음으로 이해하지 못하는 사람을 나타낸다. 그는 정신적으로는 하나님의 말씀이 진리라고 인정하지만, 영적인 깊이와 이해가 부족한 사람이다. 그렇기 때문에 마귀는 별다른 어려움이 없이 이 사람의 마음에 뿌려진 말씀을 훔칠 수 있다.

"바위 위"는 기쁨으로 말씀을 받지만 피상적으로만 이해하는 사람을 상징한다. 이런 사람은 삶의 압박이나 유혹이 밀려오면 겁에 질려 빗나가 버린다. 이런 밭에 떨어진 씨앗은 금방 시들어 죽는다.

세번째 밭은 "가시떨기로 덮인 밭"이다. 마음이 가시덤불로 덮인 사람 역시 "바위 위"와 같은 마음을 가진 사람과 마찬가지로 말씀을 진리로 받아들이지만 염려와 재산과 세상의 쾌락 등이 말씀을 자라지 못하게 하므로 열매를 맺지 못한다.

이 비유에 따르면 좋은 밭에 떨어진 씨앗은 백배의 결실을 거둔다. 이 사람의 마음은 하나님 아버지 앞에서 순결하고 거룩하다. 누가복음 8장 15절에서는 이런 사람의 마음을 착하고 좋은 마음이라고 말한다. 그는 말씀을 듣고 지키며 인내로 열매를 거둔다.

언젠가 유명한 연설가가 "좋은 결혼은 결실을 거두며, 나쁜 결혼은 더 많은 결실을 거둔다"라고 말한 적이 있다. 가계를 경건하게 세우는 문제에 이 원리가 적용된다. 씨앗이 좋은 땅에 떨어졌어도, 좋은 결실을 거두기 위해서는 많은 수고를 해야 한다.

자연계의 원리가 그렇듯이, 우리가 뿌린 씨가 많은 열매를 맺으려면, 밭을 갈아 주어야 한다. 단단하고 메마른 땅에 씨를 뿌린다면, 많은 결실을 거둘 수 없다. 사실, 교회 예배에서 드리는 찬양과 경배의 목적 중 하나는 교인들의 마음을 하나님의 임재 안으로 인도하며 말씀을 받아들일 준비를 갖추게 하는 데 있다. 물론 이와 같이 마음밭을 가는 과정이 없이 하나님의 말씀을 전달할 수도 있지만, 그런 경우에 교인들은 하나님의 일에 집중하는 데 반대되는 생각이나 사건들에 사로잡혀 있기 때문에 말씀을 그다지 받아들이지 못한다.

   가계의 밭을 경작하는 것은 매우 단순한 과정이다. 우리가 해야 할 일은 그저 선한 결정을 내리고 헌신하여 삶의 모든 부분에 하나님의 말씀을 적용하는 것이다. 이렇게 행하는 동안에, 우리의 가계 안에 존재하는 죄악이라는 잡초들의 뿌리를 뽑으며 우리의 마음과 가계의 마음을 경작하여 말씀을 받아들이게 된다. 자연계에서 그렇듯이, 말씀의 씨앗 역시 일련의 과정을 거친다. 그것은 싹을 내고 자라야만 원하는 열매를 맺는다. 솜씨 좋게 우리의 마음밭과 가계의 마음밭을 갈면, 그만큼 더 마음이 비옥해질 것이다. 그리고 우리가 좋은 씨앗, 즉 하나님의 말씀을 받아들이면 그만큼 많은 열매를 맺을 것이다.

묘목 기르기

   "갓난 아기들 같이 순전하고 신령한 젖을 사모하라 이는 그로 말미암아 너희로 구원에 이르도록 자라게 하려 함이라"(벧전 2:2).

"그가 누구에게 지식을 가르치며 누구에게 도를 전하여 깨닫게 하려는가 젖 떨어져 품을 떠난 자들에게 하려는가"(사 28:9).

가계라는 어린 묘목을 기르는 것은 한 번에 끝나는 것이 아니라 어느 정도의 기간이 필요한 일이다. 좋은 가계라는 나무로 자랄 씨앗을 뿌리고 나서 그것을 돌보고 양분과 물을 주며 길러야 한다. "기르다"라는 것은 "먹이고 보호한다; 후손을 양육하다; 훈련 기간이나 성장 기간에 지원해주고 격려해주다; 훈련하다" 등의 뜻이다.

가계라는 나무를 기르는 기본적인 방법 중의 하나는 그 나무에 하나님의 말씀이라는 양분을 주는 것이다. 이것은 규칙적인 가정예배, 또는 성경암송을 통해서 가능하다. 또 하루에 어느 정도의 시간을 할애하여 가족들과 하나님의 말씀을 토론하는 일도 필요할 것이다. 그렇게 하는 데 가장 적합한 시간은 아침에 다른 일을 하기 전, 또는 저녁 식사 전후가 될 것이다. 언제를 정하든지 선택권은 우리 자신에게 있다. 어쨌든 우리 가족들이 교회에서 배우는 것 외에 가정에서도 말씀을 강조해야 한다.

혹시 어떤 사람은 "그것은 무척 간단한 일입니다. 아주 기초적인 일입니다"라고 말할 것이다. 물론 그렇다. 그렇지만 내가 지금까지 받아본 가장 심오한 계시들 중 일부는 단순한 것이었다. 말씀은 우리 가족들로 하여금 가계에 흐르는 죄악을 극복하게 해줄 것이다: "또 여러 형제가 어린 양의 피와 자기의 증거하는 말을 인하여 저를 이기었으니…"(계 12:11). 우리 가정을 신령하게 양육하려 한다면 하나님의 말씀으로 시작해야 한다.

나무에 물을 주라

나무를 자라게 하려면 꾸준히 물을 주어야 한다. 혹 어떤 사람은 "가계라는 나무에는 어떤 방법으로 물을 줍니까?"라고 물을 것이다. 성경에서 생수의 강으로 상징된 "말씀으로 물을 뿌려 씻어 주어야 한다." 즉 성령의 거룩하게 하시는 사역이 필요하다.

> "…예수께서 서서 외쳐 이르시되 누구든지 목마르거든 내게로 와서 마시라 나를 믿는 자는 성경에 이름과 같이 그 배에서 생수의 강이 흘러나오리라 하시니"(요 7:37, 38).

요한복음 7장에서 언급한 생수의 강은 성령을 말한다. 성령은 모든 거듭 난 신자의 내면에 거주하신다(고후 3:16; 6:19을 보라). 성령께서 우리 안에 거하시기 때문에 우리는 하나님의 보좌에 나아갈 수 있다.

"보혜사 곧 아버지께서 내 이름으로 보내실 성령 그가 너희에게 모든 것을 가르치고 내가 너희에게 말한 모든 것을 생각나게 하리라"(요 14:26).

"그러나 진리의 성령이 오시면 그가 너희를 모든 진리 가운데로 인도하시리니 그가 스스로 말하지 않고 오직 들은 것을 말하며 장래 일을 너희에게 알리시리라 그가 내 영광을 나타내리니 내 것을 가지고 너희에게 알리시겠음이라 무릇 아버지께 있는 것은 다 내 것이라 그러므로 내가 말하기를 그가 내 것을 가지고 너희에게 알리시리라 하였노라"(요 16:13-15).

요한복음 14장 26절에 따르면 성령의 역할 중의 하나는 "모든 것을 가르치시고 모든 것을 생각나게 하는 것"이다. 나와 나의 가족들이 하나님의 말씀을 공부할 때 성령께서는 우리에게 진리를 깨닫게 해주실 것이며, 우리의 마음에 쌓여 있는 모든 것을 기억하여 하나님의 말씀을 일상생활에 적용할 수 있게 해주실 것이다.

우리가 박해를 받을 때, 상심하여 울부짖을 때, 또는 복수하려 할 때가 그 좋은 예가 된다. 그러나 적절한 때가 되면 "너희 원수를 사랑하며 너희를 박해하는 자를 위하여 기도하라"(마 5:44)는 세미한 소리가 내면에서 들려온다. 그러면 우리는 스스로에게 "그래. 어젯밤에 그 구절을 읽었어"라고 말한다. 그리고 나서 하나님의 음성에 순종하며 기도하기 시작하여 원수를 축복하면, 하나님만이 이루실 수 있는 초자연적인 상황의 역전을 보게 된다.

이것이 물을 주는 과정이다. 우리와 우리 가족들이 일상생활에 말씀을 적용할 때에 성령은 그 말씀에 물을 주거나 생명과 의미를 부여해줄 것이다. 성령이 주는 물을 받은 우리가 맺을 열매는 우리에게 통찰력과 계시를 주어 하나님의 비밀 및 우리 가정을 위한 하나님의 지시를 깨닫게 해줄 것이다. 우리와 우리 가족들이 마음속에 하나님의 말씀의 씨앗을 기를 때 성령께서 우리가 기르는 좋은 씨앗에 물을 주실 것인데, 그것은 자라서 우리의 조상들이 심어 놓은 나쁜 씨앗에서 나온 잡초들의 기운을 막을 것이다.

우리와 우리 가족들에게도 성령과 협력하여 물을 주는 과정에서 해야 할 일이 있다. 그것이 야고보서 1장 22절에서 발견된다: "너희는 말씀을 행하는 자가 되고 듣기만 하여 자신을 속이는 자가 되지 말라." 다시 말해서 성령의 인도하심을 따를 때에 우리는 성령으로 하여금 장차 선하고 건강하고 성숙한 가계라는 나무로 자랄 씨앗에 물을 주게 할 수 있을 것이다.

가지치기

가계라는 나무에 양분을 공급하고 물을 주는 것 못지않게 중요한 일이 가지치기이다. 가지치기란 죽은 잎사귀와 가지들을 잘라내는 것이다. 분노, 게으름, 질병, 나쁜 태도 등이 성령께서 우리의 가계에서 잘라내실 죽은 가지들이다.

가지치기의 목적은 나무의 자연적인 성장을 방해할 것들을 제거하는 데 있다. 요한복음 15장 4절과 16절은 우리가 하나님 안에 거하고 하나님의 말씀이 우리 안에 거하면 우리가 많은 열매를 맺을 것이라고 약속한다.

> "나는 참포도나무요 내 아버지는 농부라 무릇 내게 붙어 있어 열매를 맺지 아니하는 가지는 아버지께서 그것을 제거해 버리시고 무릇 열매를 맺는 가지는 더 열매를 맺게 하려 하여 그것을 깨끗하게 하시느니라"(요 15:1, 2).

꽃밭을 가꾸어 보면 좋은 씨와 나쁜 씨가 함께 싹을 낸다. 나는 매년 여름날 오후에는 정원에서 잡초를 뽑곤 한다. 감사하게도 하나님께서는 성령을 보내어 우리의 가계라는 나무를 구분하고 가지를 치게 하신다

> "…천국은 좋은 씨를 제 밭에 뿌린 사람과 같으니 사람들이 잘 때에 그 원수가 와서 곡식 가운데 가라지를 덧뿌리고 갔더니 싹이 나고 결실할 때에 가라지도 보이거늘 집 주인의 종들

이 와서 말하되 주여 밭에 좋은 씨를 뿌리지 아니하였나이까 그런데 가라지가 어디서 생겼나이까 주인이 이르되 원수가 이렇게 하였구나 …둘 다 추수 때까지 함께 자라게 두라"(마 13:24-28, 30).

우리의 마음과 가족들의 마음에 하나님의 말씀의 씨를 뿌리고 성령께서 그 씨에 물을 주실 때에도, 나쁜 씨, 또는 가계의 죄악들이 이따금 고개를 내민다. 그러나 가라지와 알곡을 구분하여 과거의 죄악들을 하나님의 말씀의 불에 태워버려 우리 가족들로 하여금 대대로 이어질 축복을 상속하게 만들 때가 올 것이다.

나는 교사로 근무하던 중에 성령충만을 받았다. 당시 나는 문예반 담당 교사였기 때문에 한 주일에 두세 권의 책을 읽곤 했다. 나는 독서를 좋아했는데, 주님은 나에게 소설을 읽지 말고 성경을 읽으라고 말씀하셨다. 나는 그 말씀에 순종하여 성경을 암송하기 시작했다.

그 당시에는 깨닫지 못했지만, 그 시기는 하나님께서 나에게서 좋지 않은 것들을 제거하는 가지치기의 시기였다. 남편과 나는 우리에게 사역의 소명이 있다는 것을 알지 못했다. 우리는 신혼 부부였는데, 하나님은 우리를 사역에 사용하실 때에 대비해서 준비를 갖추게 하고 계셨던 것이다.

돌이켜 보면 내 인생에서 그 시기는 가지치기를 하는 시기였다.

하나님은 내 삶에 주신 하나님의 소명을 방해하기 때문에 제거해야 할 태도가 나에게 있다고 말씀하셨다. 나는 하나님께서 가지를 치시는 대로 맡기지 않으면 내가 시들고 열매를 맺지 못하게 될 것을 알았다.

후손들을 위해 나무에 양분을 공급하라

다윗의 가계는 매우 훌륭했다. 다윗은 그 가계에 양분을 주고 물을 주고 가지를 쳐주었다. 비록 다윗이 간음죄와 살인죄를 범했지만 회개했기 때문에, 가계의 죄악은 제거되고 후손들은 대대로 축복을 받았다.

시편 32편은 다윗이 밧세바와 더불어 범한 죄와 헷 족속인 우리아에게 범한 허물이 드러난 후에 기록된 것이다. 이 시편에서 다윗은 세 가지 죄를 다루었다: 엉뚱하게 우리아를 죽인 죄, 밧세바와 더불어 간음한 허물, 그리고 자기의 죄를 고백하지 않고 덮으려 한 죄악이 그것이다.

"허물의 사함을 받고 자신의 죄가 가려진 자는 복이 있도다 마음에 간사함이 없고 여호와께 정죄를 당하지 아니하는 자는 복이 있도다 내가 입을 열지 아니할 때에 종일 신음하므로 내 뼈가 쇠하였도다 주의 손이 주야로 나를 누르시오니 내 진액이 빠져서 여름 가뭄에 마름 같이 되었나이다 내가 이르기를 내 허물을 여호와께 자복하리라 하고 주께 내 죄를 아뢰고 내 죄악을 숨기지 아니하였더니 곧 주께서 내 죄악을 사하셨나이다"(시 32:1-5).

구약 시대의 다른 성도들처럼 다윗도 오늘 우리보다 죄와 허물과 죄악을 잘 이해한 듯하다. 아마 다윗은 성적인 죄는 그의 가계에서 대대로 유전되는 약점, 혹은 죄악이라는 사실을 알고 있었을 것이다. 다윗의 후손들을 살펴보면, 이 죄악은 그의 아들들에게서 나타난다. 암논은 이복누이인 다말을 강간했고, 솔로몬은 칠백 명의 후궁과 첩을 거느렸고, 솔로몬의 아들 르호보암에게도 많은 후궁과 첩이 있었다.

다윗은 "허물의 사함을 받은 자는 복이 있다"라고 말하면서 하나님께 자기의 죄를 인정하고 회개하면서 용서를 구했다. 이 고백은 다윗의 가계라는 나무의 가지치기를 하는 과정의 일부였다. 성경을 읽어보면 다윗은 하나님과 말씀을 사랑했고 성령으로부터 계시를 받았다. 그런데도 불구하고, 그는 그 가계에서 혈통적으로 유전되어온 성적인 죄에 굴복하여 결국 살인까지 했다. 다윗은 자신이나 자기 가정을 포기하지 않고, 하나님의 가지치기를 허락했다.

제3장에서 성적인 죄의 상징은 개구리라고 이야기한 바 있다. 다

윗의 말의 핵심은 "하나님, 내 가계에 더 이상 개구리들이 존재하는 것을 원하지 않습니다. 내 육체의 결점에서 해방되고 싶습니다. 내 안에 정한 마음을 지으시고 의로운 영을 새롭게 해주십시오"이다.

만일 다윗이 죄를 고백하지 않았다면, 가계의 저주는 그의 혈통 안에서 계속 되었을 것이고, 하나님은 그의 후손을 멸하셔야 했을 것이다. 그러나 다윗은 하나님의 마음을 닮은 사람이었기 때문에, 그의 후손들은 저주가 아니라 축복 속에 살았다. 다윗이 하나님의 가지치기를 허락하고 성적인 죄를 깨끗이 씻어 정결케 되었으므로, 그 후손들은 번영하고 축복하리라는 하나님의 약속을 물려받았다.

"다윗이 죽을 날이 임박하매 그의 아들 솔로몬에게 명령하여 이르되…네 하나님 여호와의 명령을 지켜 그 길로 행하여 그 법률과 계명과 율례와 증거를 모세의 율법에 기록된 대로 지키라 그리하면 네가 무엇을 하든지 어디로 가든지 형통할지라 여호와께서 내 일에 대하여 말씀하시기를 만일 네 자손들이 그들의 길을 삼가 마음을 다하고 성품을 다하여 진실히 내 앞에서 행하면 이스라엘 왕위에 오를 사람이 네게서 끊어지지 아니하리라 하신 말씀을 확실히 이루게 하시리라"(왕상 2:1, 3, 4).

비록 다윗이 간음하고 사람을 죽였지만 그의 죄가 덮어졌다. 예수님의 피에는 다윗의 죄와 허물과 죄악을 깨끗이 할 능력이 있었다. 하나님은 다윗을 의롭게 여기시고 그의 가계를 축복하셨다. 그리고 다윗의 집이 끊어지지 않을 것이라고 말씀하셨는데, 실제로 그렇게 되었다. 예수님은 다윗의 후손이고, 우리는 예수님과 공동 상속자들이다.

성숙 과정

우리가 가족들에게 하나님의 말씀을 먹이고 성령이 물을 주고 가지치기 하는 일을 허락하면, 우리 가계의 성숙 과정이 보장된다. 성숙은 모든 신자의 생활에 반드시 있어야 할 과정이다. 우리가 선한 가계라는 나무를 심은 후에 영적으로 성장하고 후손들이 경건을 물려받는 데 도움이 되려면 몇 가지 매우 실질적인 일을 해야 한다. 여기에는 물로 세례를 받는 것, 규칙적으로 교회에 참석하는 것, 매일 기도하고 성경을 보는 것, 그리고 성령세례를 받는 것 등이 포함된다.

물세례

물로 세례를 받는 것은 단순히 차가운 물에 들어가는 것 이상의 것이다. 물세례는 한 사람의 옛 본성과 가계의 죄악이 사라지고 그리스도의 새로운 본성이 그의 안에 잉태되어 그로 하여금 풍성하고 영원한 생명을 상속하게 만드는 것을 상징한다. 그것은 예수님의 죽음과 장례와 부활을 상징한다. 나는 23살 때에 물세례를 받았다. 어렸을 때에 유아세례를 받았었지만 나는 성경에 순종하여 회개하고 세례를 받을 필요를 느꼈다: "그 말을 받은 사람들은 세례를 받으매…"(행 2:41).

교회 출석

우리와 우리 가정은 빠지지 않고 교회에 출석함으로써 영적으로 성장할 것이다. 정규적으로 다른 신자들과 교제하는 데서 임하는 집단적 기름부음이나 힘이 있다. 그리고 우리가 개인적으로 헌신하는 동안에 성령께서 우리 마음에 뿌려진 말씀의 씨앗에 물을 주실 것이다. 하나님의 말씀은 우리에게 교회에 출석하라고 명령하신다.

"모이기를 폐하는 어떤 사람들의 습관과 같이 하지 말고"(히 10:25).

나는 사역 초기에 가정 성경공부반을 개최했었다. 한번은 치유를 믿지 않는 부인이 참석했다. 그 부인은 엉덩이뼈의 일부를 제거하는 수술을 받았는데, 성경공부를 하는 동안 너무나 아파서 자리에 앉지 못하고 계속 서 있어야 했다.

그 부인은 "메릴린, 나에게 성경 안에 치유가 있다고 말하지 마세요. 나는 그 말을 믿지 않습니다. 당신이 가르치면서 주제로 삼은 성경 구절들을 읽어 보았는데, 그것은 당신이 상황에 맞추어 짜 맞춘 것입니다. 병을 치료하는 것은 의사들의 일이고 구원하는 것은 예수님의 일입니다. 그 둘은 결코 하나일 수 없어요"라고 말했다.

나는 그 부인의 말에 대꾸하지 않았다. 그러나 그 부인에게는 정말로 치유가 필요했기 때문에, 나는 계속 성경공부반에 참석하여 말씀을 공부하라고 격려해 주었다. 그 부인은 자기와 자기의 딸의 시력을 잃고 있다고 말했다. 그 부인의 아버지와 할아버지도 장님이었는데, 이제 부인과 딸도 같은 증세를 나타내고 있었다.

함께 성경공부를 하는 부인 한 사람이 교회에 나오라고 그 부인에게 권했다. 그 부인은 딸과 함께 교회에 나왔는데, 목사님은 설교를 중간에 멈추고는 그 모녀가 앉은 곳을 가리키면서 "저기 계신 부인은 엉덩이가 성치 못하군요. 일어서세요. 하나님께서 부인의 엉덩이와 등을 만지기를 원하십니다"라고 말했다.

그 부인은 자리에서 일어섰는데, 그 순간 무엇인가 뜨거운 것이 몸 위로 지나가는 것처럼 느꼈다. 그날 밤 옷을 갈아입는데, 딸이 "엄마, 엉덩이가 정상적인 모양이 되었어요"라고 소리쳤다. 말할 필요도 없이, 이 일이 있은 후 그 모녀는 믿음으로 치유를 받아들여 시력도 회복되었다.

우리는 하나님은 주권자이시며 사람이나 장소나 사물에 관계없이 이러한 기적들을 행하실 수 있다는 사실을 알지만, 이 부인이 내가 인도하는 성경공부반에 참석하면서 마음에 하나님의 말씀의 씨를 받아들였고, 동료의 교회에서 집단적인 기름부음을 받았기 때문에 성령께서 그 씨앗에 물을 주어 치유라는 결실을 거둘 수 있었던 것이다.

매일 기도

모든 신자와 신자의 가정의 영적 성장에 반드시 필요한 것은 날마다 기도하는 일이다. 기도는 하늘에 계신 아버지와 직접 교통하는 것일 뿐만 아니라 우리로 하여금 요한복음 15장에서 권면한 것처럼 "포도나무 안에 거하도록" 도와준다. 바울은 "쉬지 말고 기도하라"고 권면한다(살전 5:17).

내 딸 새러는 대학 시절 한 청년을 만났다. 새러는 자기가 그 청년을 좋아하며 종종 만나겠다고 말했다. 또 그 청년이 구원을 받지 못했다고 말했는데, 그 사실이 나를 괴롭혔다. 부모들은 누구나 자녀들에 대해 무척 조심스럽다.

나는 이 청년에 대해서 내가 걱정하는 이유를 알지 못했지만 어쨌든 그를 위해서 기도했다. 나는 새러가 그 청년과 친하게 지내는 것을 좋게 생각하지 않았기 때문에, 그 사실을 24살 된 딸에게 말하려고 노력했다. 어느 날 새러는 "엄마, 그 사람은 그냥 친구일 뿐이어요"라고 말했다. 주님은 세상과 사귀지 말라고 한 야고보서의 말씀을 새러에게 주라고 하셨다.

그 다음날 나는 "주님이 나에게 무엇인가를 주셨는데, 그것을 너와 함께 나눠 갖고 싶구나"라고 말했다. 그리고 나는 새러에게 야고보서의 말씀을 주면서 새러가 이 청년과 친구가 되어야 한다고 생각하지 않는다고 말해주었다. 새러는 하나님께 "왜 어머니에게는 말해주시고, 나에게는 말해주시지 않았습니까?"라고 기도했다. 하나님은 "만일 내가 말해 주었어도 너는 듣지 않았을 것이다. 그렇지만 내가 다른 사람에게 말한 데에는 까닭이 있다"라고 말씀하셨다. 물론 새러는 그 남자와 헤어졌다.

우리 자신과 가정을 위해 날마다 기도하면 하나님을 신뢰하고 하나님과 교제하는 자리에 나아갈 수 있다. 또 하나님께서 우리 및 우리 가정에게 말씀하시며 삶에서 우리가 직면하게 될 도전들에 대한 응답을 주실 수 있는 대화의 통로를 열어준다. 날마다 기도하는 생활을 통해서 우리는 가계의 죄악을 극복할 수 있는 힘을 얻을 수 있다. 그것은 우리 및 우리의 가정이 성장하는 과정에 반드시 필요하다.

매일 성경을 읽자.

가계에 흐르는 저주를 끊고 축복을 확보하려면, 날마다 성경을 읽어야 한다. 우리와 우리의 가정이 하나님의 일 안에서 성장할 때에 성령께서는 우리에게 말씀이라는 물을 주실 것이다.

"너는 진리의 말씀을 옳게 분별하며 부끄러울 것이 없는 일꾼으로 인정된 자로 자신을 하나님 앞에 드리기를 힘쓰라"(딤후 2:15).

신자들은 하나님의 말씀을 먹고 살아야 한다. "나는 교회에서 제대로 영의 양식을 얻지 못합니다"라고 말하는 사람에게 나는 "당신은 성경책을 가지고 있지요?"라고 묻는다. 그 사람이 "예"라고 대답하면, 나는 "글을 읽을 줄 알지요?"라고 되묻는다. 물론 그 사람은 "예"라고 대답할 것이며, 그러면 나는 "그렇다면 왜 스스로 영의 양식을 먹지 않습니까?"라고 말한다.

우리와 우리 가정에 필요한 영의 양식을 교회에만 의지하는 것으로는 부족하다. 우리는 날마다 말씀을 먹어야 한다. 사실, 우리는 매년 성경을 한 번 통독하는 습관을 길러야 한다. 만일 일 주일에 엿새 동안 구약성경 2장과 신약성경 1장을 읽고 일주일에 하루는 구약성경 3장과 신약성경 2장을 읽으면 일 년에 성경을 한 번 통독할 수 있다. 날마다 성경을 읽으면 우리와 우리 가족들은 가계의 죄악에서 깨끗함을 받고, 하나님의 일들에 대해서 힘을 얻으며 하나님의 약속 안에서 살게 될 것이다. 그 무엇도 우리에게서 이것을 빼앗아갈 수 없다.

성령 세례

우리는 거듭날 때에 성령으로 거듭난다. 그러나 말씀에 대한 이해와 기도 능력을 강화하려면, 우리와 우리 자녀, 그리고 우리 자녀의 자녀들은 성령 안에서 세례를 받고 하나님의 능력으로 충만해져야 한다.

"오직 성령이 너희에게 임하시면 너희가 권능을 받고…"(행 1:8).

"이 약속은 너희와 너희 자녀와 모든 먼 데 사람 곧 주 우리 하나님이 얼마든지 부르시는 자들에게 하신 것이라"(행 2:39).

우리의 삶 속에 계신 성령은 예수께서 요한복음 7장 38절에서 말씀하신 생수의 강이다: "나를 믿는 자는 성경에 이름과 같이 그 배에서 생수의 강이 흘러나리라." 성령은 우리의 속사람에게 생수의 강이 되기를 원하신다. 우리를 영적으로 소생시키기를 원하신다.

"내가 주는 물을 마시는 자는 영원히 목마르지 아니하리니 내가 주는 물은 그 속에서 영생하도록 솟아나는 샘물이 되리라"(요 4:14).

혹시 우리가 성령 안에서 세례를 받지 못했다고 해서 우리의 구원이 부족한 것이 아니며, 우리가 성령 안에서 세례를 받았다고 해서 더 크게 구원받은 것도 아니다. 예수께서 영적으로 능력을 받으셨던 것처럼 우리도 영적으로 능력을 얻게 하려고 하나님은 우리에게 성령으로 세례를 주려 하신다. 우리는 거듭날 때에 이미 성령을 받았다. 이제 우리에게 필요한 것은 성령의 세례이다. 그렇게 함으로써 우리는 삶의 모든 부분, 존재의 모든 부분에 그의 충만을 받게 될 것이다.

하나님은 우리가 거듭 나고 물로 세례를 받고 성령으로 충만하기를 원하신다. 그것은 우리에게 달려 있다. 성령의 세례는 우리가 하나님을 위한 담대한 증인이 되게 하기 위해서 우리의 삶에 하나님의 성품과 능력을 가져다주시는 하나님의 기적이다.

"그 영광의 풍성을 따라 그의 성령으로 말미암아 너희 속사람을 능력으로 강건하게 하시오며"(엡 3:16).

성령 안에서 세례를 받는 방법에 관해 자세히 알려면 나의 책

『나는 거듭나서 성령충만을 받을 수 있다』를 보면 된다.

성령의 열매

우리 가계의 유산으로 축복을 확보하려는 목적은 우리와 우리 후손들이 하나님의 말씀 안에 약속된 축복이나 좋은 열매의 유익을 얻으려는 데 있다. 우리 안에 성령이 거하시면 우리는 삶에서 작용하는 가계의 죄악들을 완전히 뿌리뽑고 성령의 열매를 맺을 수 있다.

> "오직 성령의 열매는 사랑과 희락과 화평과 오래 참음과 자비와 양선과 충성과 온유와 절제니 이같은 것을 금지할 법이 없느니라"(갈 5:22, 23).

모든 열매 안에는 씨가 들어 있다. 성령 안에서 맺는 열매는 후손을 위한 씨를 남긴다. 우리가 후손이 물려받을 좋은 씨와 열매를 남길 수 있게 해주시는 하나님을 찬양하자. 때때로 악한 씨에서 잡초들이 솟아나기도 하지만, 그것들은 결국 우리가 맺는 신령한 열매 때문에 기운이 막혀 말라 버릴 것이다. 하나님의 말씀은 "…이 같은 것을 금지할 법이 없느니라"라고 약속하셨다(갈 5:23).

제9장

마귀의 공격에 맞서는 방법

제8장에서는 우리 가계에서 이어질 축복의 유산을 확보하는 방법에 대해 살펴보았다. 우리의 마음과 가족들의 마음속에 저장된 하나님의 말씀은 우리의 혈통 속에 내재해 있는 죄악들을 깨끗이 제거하며 우리로 하여금 자유로이 언약의 축복을 확보할 수 있게 해줄 것이다.

마태복음 13장에서 예수님은 가라지와 알곡의 비유를 말씀하셨다. 예수님은 사람의 마음 밭에 심겨진 여러 종류의 씨를 비유로 말씀하셨다. 하나님의 말씀을 상징하는 씨는 좋은 밭에 뿌려졌지만 농부가 잠든 사이에 원수가 와서 나쁜 씨를 덧뿌려 놓았다. 그래서 농부가 뿌린 좋은 씨와 나쁜 씨도 나란히 싹을 냈다.

"…천국은 좋은 씨를 제 밭에 뿌린 사람과 같으니 사람들이 잘 때에 그 원수가 와서 곡식 가운데 가라지를 덧뿌리고 갔

더니 싹이 나고 결실할 때에 가라지도 보이거늘"(마 13:24-
26).

우리의 가계에서 잡초를 뽑아내자.

내 친구는 조그만 도시에서 목회를 한다. 그 친구에게는 아들이 넷이 있고, 입양하여 기르는 딸이 하나 있다. 그런데 딸이 13살이 되면서 성격이 거칠어지고 밤에 몰래 집에서 빠져 나가기 시작했다. 학교에서 담임선생님이 전화를 하여 그 아이가 남학생들과 연애를 하며 문제를 일으키고 있다고 말했다. 내 친구는 그 아이가 너무 어렸기 때문에 남자와 사귀는 것을 원하지 않았다.

그 상황에 대해 곰곰이 생각해 보았지만, 큰 아들 둘에게는 그런 문제가 한 번도 없었다. 내 친구는 딸을 위해서 금식 기도하면서 무엇이 잘못된 것인지, 그리고 어떻게 해야 하는지를 물었다. 주님은 그 딸의 친부모의 혈통을 통해 유전되고 있는 가계의 저주, 또는 죄악이 있다고 말씀해 주셨다.

친구가 사는 곳은 소도시였기 때문에 친구는 딸의 가계를 추적해 볼 수 있었다. 친구의 딸은 사생아였다. 알아보니 딸의 생모와 할머니 역시 사생아였다. 친구는 딸을 대신하여 기도하면서 마귀를 결박했다. 그러나 하나님은 딸이 스스로 책임 있는 행동을 할 나이가 되었기 때문에 딸이 스스로 선택하여 마귀를 결박해야 할 것이라고 말씀하셨다.

내 친구 목사는 딸에게 그 아이가 사생아라는 것, 그리고 생모와 할머니도 사생아였다는 사실을 말해주었다. 그리고 나서 그 아이 자신의 선택에 의하여 하나의 죄가 자리잡을 수도 있다는 것, 그리고 그 아이가 생모와 할머니의 전철을 밟아 임신을 하여 사생아를 낳을 수도 있다고 말해 주었다.

내 친구는 "그것은 마귀가 너를 위해 준비해 놓은 것이다. 너는 하나님께서 준비해 놓은 운명을 살고 싶니, 아니면 마귀가 준비해 놓은 운명을 따르고 싶니?"라고 물었다.

내 친구 부부는 하나님을 섬기도록 부지런히 자녀들을 교육해 왔었다. 그들은 이미 딸의 마음에 하나님의 말씀의 씨를 뿌려 놓았었는데, 딸과 아버지가 대화를 하는 동안에 성령께서 딸의 마음에 뿌려놓은 씨앗에 물을 주셨다. 결국 성령께서는 딸에게 아버지가 말하려는 것을 계시해 주셨고, 딸은 아버지의 가르침에 순종했다.

딸은 즉시 아버지의 말을 이해했다. 악령은 딸에게 영향을 주어 조상들의 길을 따르게 하려 했다. 그렇지만 딸은 "아빠, 나는 그런 길로 가고 싶지 않아요"라고 말했다. 그 아이는 생모의 가계의 죄악을 회개하고 거기서 깨끗함을 받았다. 결국 그 아이는 순결하게 처녀로 지내다가 결혼하여 하나님을 섬기고 있다.

기회를 노리는 악한 영들

구약성경과 신약성경에서 하나님은 악한 영들에 대해 말씀하신다. 사무엘상 28장을 보면, 사울이 죽은 사무엘을 불러내기 위해서 신접한 여인을 찾아갔다. 그러나 이 여인은 사무엘의 영이 아니라 사무엘의 가계를 잘 아는 영과 접촉한 듯하다.

> "사울이 그의 신하들에게 이르되 나를 위하여 신접한 여인을 찾으라 내가 그리로 가서 그에게 물으리라…여인이 이르되 내가 누구를 네게로 불러 올리랴 하니 사울이 이르되 사무엘을 불러 올리라"(삼상 28:7, 11).

우리 및 우리의 가계에 대해 잘 아는 영이 있다. 그런 영은 대대로 우리의 가계를 따라왔으며, 우리의 혈통 안에 흐르는 유전적 결점들을 잘 알고 있다. 또 언제 어떤 방식으로 과거의 죄악으로 우리나 우리가 사랑하는 사람들에게 해를 끼쳐야 하는지도 알고 있다. 이것이 데살로니가후서 2장 7절에서 언급한 불법(죄악)의 비밀이다.

사탄에게는 우리의 가계를 죽이고 훔치고 파괴하기 위해 파견할 악마들이 많다. 그들에게는 각각의 세대를 따라다니다가 적절한 시기가 오면 그러한 유전적인 결점이나 성향으로 그들을 괴롭히는 사명이 주어져 있다. 한 사람이 죽거나 예수 그리스도의 복음에 의해 자유를 얻은 후, 그 사람에게 영향을 주던 영들이 그 사람의 가정이나 후손들 가운데서 괴롭힐 대상을 찾기 시작한다는 것을 생각하면 매우 안타깝다.

"메릴린, 그 말은 지금까지 내가 들어본 중에서 가장 터무니없는 이야기군요"라고 말하는 사람이 있을 것이다. 그러나 마태복음 12장은 내 말을 증언해준다.

> "더러운 귀신이 사람에게서 나갔을 때에 물 없는 곳으로 다니며 쉬기를 구하되 쉴 곳을 얻지 못하고 이에 이르되 내가 나온 내 집으로 돌아가리라 하고 와 보니 그 집이 비고 청소되고 수리되었거늘"(마 12:43, 44).

이 구절에서 "집"이라는 단어는 "세대"와 같은 뜻이다. 우리가 거듭 날 때 우리와 우리의 후손들 안에 있는 죄악의 저주가 끊어졌다. 우리를 지배하고 우리에게 영향을 주던 악령들은 그 거처에서 쫓겨났기 때문에 더 이상 우리를 지배하는 권위를 갖지 못하게 되었다. 예를 들면, 나는 기독교인으로서 나 자신의 삶, 자녀들의 삶, 그리고 내 가계 안에서 정신적/정서적 질병을 다스릴 권위를 갖고 있었다. 비록 내 아버지와 할아버지는 모두 신경 쇠약에 걸렸지만, 거듭난 신자인 나는 새로운 혈통, 즉 예수 그리스도의 혈통을 물려받았고, 예수님은 나를 가계에 흐르는 죄악의 저주에서 구속해 주셨다.

이 부분에서 영적 분별력이 필요하다. 왜냐하면 비록 우리가 거듭 나서 자유하지만, 이러한 영들은 우리 주위를 맴돌면서 쫓겨난 집이나 가정에 다시 들어갈 기회를 엿보기 때문이다.

더러운 영은 육체 안에 거해야 하기 때문에 불안해 한다. 그 영은 더 이상 우리에게 영향을 주거나 우리로 하여금 조상들과 같은 길을 걷게 만들 수 없기 때문에 "내가 나온 내 집으로 돌아가리라"라고 말한다.

이 영은 쫓겨난 사람의 후손에게 다시 들어가려 할 것이다. 그것은 여자를 강간하는 사람처럼 우리의 자녀나 손자들을 공격할 것이다. 그것은 공격하기에 가장 좋은 시기를 기다린다. 만일 우리가 과거에 담배를 피우거나 술을 마시거나 마약을 복용했었다면, 그 영은 우리 자녀가 그러한 행동을 하도록 유혹하기에 적절한 나이가 될 때까지 기다리며 지켜 볼 것이다.

다행히도 우리는 사탄의 전략을 가만히 참고 당할 필요가 없다. 우리가 사탄을 저지하며, 대대로 이어받을 축복을 약속하는 하나님의 언약이 우리와 우리 가족들에게 주어졌고 그 약속은 천 대까지 이어질 것이므로, 우리는 사탄에게 우리의 가계가 사탄의 영향권에서 벗어났음을 알려 줄 수 있다.

"그런즉 너는 알라 오직 네 하나님 여호와는 하나님이시요 신실하신 하나님이시라 그를 사랑하고 그 계명을 지키는 자에게는 천 대까지 그 언약을 이행하시며 인애를 베푸시되"(신 7:9).

강한 자를 먼저 결박하라.

어떤 사람은 "어떻게 해야 사탄을 저지할 수 있습니까?"라고 물을 것이다. 구약성경에 기록된 전쟁 이야기를 읽어보면, 이스라엘이 원수의 물건들을 전리품으로 취하는 데 대한 언급들이 많다. "약탈하다"는 힘으로 다른 사람의 재산을 취하는 것, 다른 사람의 권세와 재산을 빼앗는 것을 의미한다.

"…사람이 먼저 강한 자를 결박하지 않고야 어떻게 그 강한 자의 집에 들어가 그 세간을 늑탈하겠느냐 결박한 후에야 그 집을 늑탈하리라"(마 12:29).

이 구절에서 강한 자는 마귀를 가리킨다. 내 친구 목사가 딸을 위해 시도했던 것과 똑같은 방법으로 우리도 가계에 있는 강한 자를 결박할 수 있다. 그렇지만 내 친구의 딸이 나이가 찼기 때문에 하나님은 그 아이가 직접 마귀를 결박하거나 그 아이의 가계에서 활동하지 못하도록 금지해야 한다고 말씀하셨다. 누구도 그 아이를 대신해서 그 일을 해줄 수 없었다. 야고보서 4장 7절은 "그런즉 너희는 하나님께 순복하라 마귀를 대적하라 그리하면 너희를 피하리라"고 말한다. 예수의 이름으로 마귀를 결박하라. 그렇게 행할 때마다 우리는 마귀에게서 그 권세와 재산, 즉 우리의 가계를 빼앗게 된다.

우리의 이면에 어떤 죄악—마약, 변태 성욕 등—이 있든지 간에, 자녀에게 호의를 베풀며 정직하게 대하라. 우리의 자녀들이 마귀가 가할 수 있는 여러 가지 유혹과 그 이유를 말해주면 납득할 수 있는 나이가 될 때까지 기다리다가 때가 되면 그것이 가계에 흐르는 죄악이라는 사실을 말해 주자. 우리가 과거의 죄를 회개했고 예수의 피로 깨끗하게 되었다는 것, 그렇기 때문에 비록 마귀가 그들을 통해서 우리의 혈통 안에 다시 들어오려 해도, 우리와 우리의 후손들은 그 영향을 받지 않고 자유하다는 것을 설명해 주자.

만일 우리 자녀나 손자들이 이미 가계에 흐르는 죄악을 따르고 있다면, 내 친구 목사가 했던 것처럼 그들을 공개적으로 정직하게 다루어야 한다. 그렇게 하지 못하여 우리 가계에 대해 잘 아는 영이 계속 그들에게 영향을 미치게 한다면, 그 죄악은 갈수록 더 강하고 튼튼한 요새처럼 될 것이다. 처음 우리에게서 시작될 때는 조그만 분노였던 것이 우리의 후손에게서는 억제할 수 없는 난폭함이 되고, 그 다음 세대에서는 살인으로 발달할 수도 있다.

"…와보니 그 집이 비고 소제되고 수리되었거늘 이에 가서 저보다 더 악한 귀신 일곱을 데리고 들어가서 거하니 그 사람의 나중 형편이 전보다 더욱 심하게 되느니라…"(마 12:44, 45).

이 글을 읽고 나서 자녀들에게서 상당히 무서운 현상을 발견하는 사람들이 있을 것이다. 그러나 낙심하지 않아도 된다. 하나님의 말씀은 우리 자녀나 어느 세대를 지배하는 죄악보다 훨씬 더 강대한 분이시다. 하나님의 말씀을 우리 앞에 두고, 우리 자신과 마귀와 우리 가계에 대해 말씀을 인용하자. 어떤 사람은 "나는 부모로서 실수를 많이 범했다"라고 말할 것이다. 그렇다. 많은 부모들이 실수를 한다. 나는 한 번도 완벽한 부모를 만난 적이 없다.

나에게는 입양하여 키운 아들이 있는데, 지금은 나이가 삼십이 넘었다. 그 아들은 아직 하나님을 섬기지 않지만 앞으로 섬기게 될 것이다. 언젠가 마귀는 나에게 "너와 네 남편은 이런 저런 잘못을 범했다. 너희들은 실패한 부모들이다."라고 말했다. 우리는 마귀가 어떤 방법으로 공격하는지 알고 있다.

나는 "하나님, 죄송합니다"라고 기도했는데, 하나님은 "메릴린, 너는 이미 잘못을 거듭 회개했지 않니. 그러면서 부모로서 행한 좋은 것들은 한 번도 인정하지 않는구나. 나는 아담과 하와의 아버지인데, 좋은 아버지였지 않니?"라고 말씀하셨다.

나는 "그렇습니다"라고 했다. 하나님은 "아담과 하와는 죄를 범했지?"라고 물으셨고, 나는 그렇다고 대답했다. 하나님은 "그것은 누구의 잘못이었니? 내 잘못이니, 그들의 잘못이니?"라고 물으셨다. 나는 "그들의 잘못입니다"라고 대답했다.

하나님은 "나는 이스라엘의 아버지이다. 나는 좋은 아버지였느냐?"라고 물으셨다. 나는 "당신은 완벽한 아버지이십니다"라고 대답했다. 하나님은 "이스라엘은 죄를 범했지?"라고 물으셨고, 나는 그렇다고 대답했다. "그것은 누구의 잘못이었느냐? 내 잘못이냐, 그들의 잘못이냐?" 나는 "그들의 잘못입니다"라고 대답했다.

하나님께서는 "메릴린, 너는 어떤 잘못에 대한 필요없는 죄의식을 느끼고 있구나. 아담과 하와, 그리고 이스라엘은 모두 잘못된 선택을 했기 때문에 내가 그들을 대면하여 그 문제를 극복하게 했단다. 네 아들이 선택하여 행한 일에 대한 죄의식을 버려라. 내가 그 아이도 이 난관을 극복하게 해줄 것이다"라고 말씀하셨다.

하나님은 우리와 우리 가족들이 난관을 극복하고 하나님 안에서 승리하고 축복을 누리게 해주실 것이다. 사랑하는 가족들의 마음속에서 이따금 고개를 내미는 잡초들 때문에 낙심하거나 놀라지 말자. 말씀과 예수님의 피는 우리의 혈통을 깨끗이 하기 위해서 일하고 계시다. 말씀대로 행하며, 하나님을 찬양하자. 하나님께서 축복하신 자는 저주를 받지 않는다(민 22:12).

제10장

우리가 약할수록 원수는 강해진다.

하나님은 선하시고, 마귀는 악하다. 마귀는 쉽사리 자기의 영토를 포기하지 않으며 결코 "아니오"라는 대답을 하지 않을 것이다. 누가복음 4장에서, 마귀는 광야에서 예수님을 시험했다가 실패하자 한 동안 예수님을 떠났다. 마귀는 어리석게도 끈질기게 유혹하면 하나님의 아들을 범죄하게 만들 수 있다고 믿었다.

사탄은 우리와 우리 가족들에게도 같은 전략을 사용하려 할 것이다. 사탄은 우리의 가계의 저항력을 약화시키고 파괴하려 할 것이다. 전에 나는 하나님을 사랑하며 당시 교역자들 중에서 가장 능력 있다고 생각되는 목사님과 알고 지냈다. 하나님께서는 그 분을 매우 크게 사용하셨다. 그런데 그 목사님은 비서와 불륜에 빠지고 말았다. 이 죄악은 그 목사의 두 아들에게로 전해져서, 그들 역시 성적인 죄를 범했다. 그 목사는 지금은 사역을 하지 않고 있다.

무엇이 이 목사를 타락하게 만들었을까? 그것은 가계에 흐르는 성적인 죄 때문이었다. 이 목사가 어느날 갑자기 "오늘 내가 비서와 불륜을 범하여 내 인생과 내 가족들의 인생을 망쳐야겠다"라고 말한 것이 아니다. 그 목사의 가계를 따라다니는 영들은 그의 가계가 대대로 성적인 문제에 약하다는 것을 알고 있었다. 그들은 이 목사를 기다리며 지켜보다가 유혹할 좋은 기회가 오자 그를 공격했고, 결국 그는 조상들로부터 물려받은 약점에 굴복하고 만 것이다.

그러나 이 목사는 자기가 성적인 죄를 범하는 순간에 아들들을 성적인 죄의 노예로 팔았다는 사실을 깨닫지 못했다. 만일 그가 그 유혹에 저항했으면 가계에 흐르는 저주는 끊어졌을 것이며, 그를 유혹한 악마들이 쉽게 그의 두 아들에게 침입하지 못했을 것이다. 또 그는 대대로 이어질 축복을 확보할 수 있었을 것이다.

이 목사는 비서와 불륜을 저지르려는 유혹에 자기의 힘으로 저항하려 했을 것이다. 아마 그는 수치심 때문에 자기에게 일어나고 있는 일을 친한 친구에게 털어놓지 못했을 것이다. 아니면 그는 "나에게 절대로 그런 일은 일어나지 않을 거야. 나는 그 정도의 유혹에 굴복할 만큼 약하지 않아"라고 생각했을지도 모른다.

그 목사가 이 죄에 굴복하고 또 그 죄를 자백하지 않고 그대로 넘어갔기 때문에, 마귀가 그와 그의 후손들의 삶에 들어와서 파괴할 문이 열렸다. 만일 처음에 간음하려는 생각이 들었을 때 회개했다면, 마귀가 와서 그를 유혹하려 했을 때 그는 하나님의 힘으로 저항할 수 있었을 것이다. 또 마귀는 예수 그리스도의 혈통을 차단할 수 없기 때문에 그를 유혹하기 어려웠을 것이다.

  우리의 혈통을 깨끗이 하고 우리 가계를 위한 축복이 시작되게 하는 데 있어서, 하나님의 능력이 우리를 도와주실 것이다. 우리 자신의 힘으로 그 일을 하려 해서는 안 된다는 것을 알아야 한다. 성경은 예수께서 우리의 허약함을 취하시고 우리의 질병을 대신 감당하신다고 말한다. 허약함이라는 단어는 우리에게서 든든하지 못한 부분을 말한다. 예를 들어, 어떤 사람은 금전 문제에 있어서 든든하지 못하여 언제나 어리석게 돈을 쓴다. 또 먹는 일에 있어서 든든하지 못한 사람은 지나치게 살이 쪄서 항상 살을 빼기 위해 애를 쓴다.

  예수께서 우리의 허약함을 취하시므로, 우리는 내 친구 목사처럼 우리 자신의 힘으로 마귀를 대적하려 할 필요가 없다. 우리가 자신의 든든하지 못한 부분을 다룰 때에는 말씀에 순종하기만 하면 된다. 예를 들어, 말라기 3장은 십일조를 바친 데 따르는 축복에 대해 말한다. 만일 우리가 금전 분야에서 저주를 끊으려 한다면, 하나님의 말씀에 따라서 십일조를 바치고 구제하고 헌금을 해야 한다. 그렇게 행함으로써 우리는 예수께서 영구적으로 단번에 대가를 지불하셨고 우리의 연약했던 부분들이 초자연적으로 튼튼해졌다고 인정하게 된다.

믿음의 생활

앞 장에서는 우리 가계를 따라다니는 악한 영들이 우리와 우리 가족들을 대대로 몰래 쫓아다니면서 조상들의 죄를 가지고 우리를 공격할 기회를 엿본다는 것을 살펴보았다. 그러나 예수께서 우리의 죄악을 대신하여 상하셨기 때문에, 우리는 마귀의 공격에 굴복할 필요가 없다. 예수님의 피가 우리 가계를 깨끗이 씻어주셨기 때문에 우리는 자유로이 이 세대와 다음 세대에서 선하고 건강한 열매를 맺을 수 있다.

고린도후서 5장 7절에서는 "이는 우리가 믿음으로 행하고 보는 것으로 행하지 아니함이로라"고 말한다. 성령은 이것을 여러 차례 나에게 상기시켜 주셨다. 나는 자녀들의 어머니요 목사의 아내요, 메릴린 히키 사역회의 회장으로 일하는데, 살면서 여러 번 "나는 당신의 말씀이 나에게 명하시는 대로 행하고 있습니다. 그런데… 지금 내가 무슨 잘못을 하고 있습니까?"라고 말한 적이 있다. 하나님께서는 "메릴린, 보이는 것으로 하지 말고 믿음으로 행해야 한다"라고 말씀하셨다.

믿음은 단순히 하나님의 말씀을 진리라고 여겨 그대로 행동하는 것이다. 믿음은 하나님의 대답이 표면적으로 나타나기 전에도 하나님께 감사하는 것이다. 믿음은 우리의 기도가 작용하게 만들기 위해서 스스로 노력하는 태도를 버리고 하나님의 약속 안에 거하는 것이다. 제9장에서 말했지만, 나에게는 양아들이 있는데, 그 아들은 아직까지 주님을 섬기지 않고 있다. 그러나 나는 믿음의 눈으로 그의 구원을 미리 보았다. 하나님의 말씀이 그것을 약속한다.

지금까지 내가 이 책에서 제시한 것들은 믿음에 의해서 실행해야 한다. 예를 들어 우리가 가계를 깨끗이 하고 축복의 유산이 시작되게 만든 후에도 사태가 악화되는 때가 있을 것이다. 그러나 결코 포기해서는 안 된다. 이러한 시기야말로 우리가 하나님의 말씀 안에 거할 수 있는 때이다.

"하나님은 업신여김을 받지 아니하시나니 사람이 무엇으로 심든지 그대로 거두리라"(갈 6:7).

". …이 큰 무리로 말미암아 두려워하거나 놀라지 말라 이 전쟁은 너희에게 속한 것이 아니요 하나님께 속한 것이니라"(대하 20:15).

우리는 연약할 때에 강하다.

하나님의 말씀은 하나님의 계약, 하나님께서 우리와 맺으신 계약이다. 하나님은 결코 그 계약을 깰 수 없고 또 깨지도 않으실 것이다. 하나님은 성경에서 말한 대로 행하실 것이다. 인간이 고안한 모든 계약이나 협정이나 조약 중에서 우리가 하나님과 맺은 계약보다 더 쌍방에 구속력을 갖는 것은 없다. 그것은 하나님의 아들이 흘리신 피에 기초를 두고 있다. 그것은 우리의 연약함과 예수님의 힘을 교환하는 것이다.

우리가 거듭 날 때에 예수님은 우리의 연약함을 가져가시고 대신에 예수님의 초자연적인 능력과 힘을 주셨다. 하나님과 맺은 언약 때문에 우리와 우리 가문의 구성원들은 초자연적인 힘을 받아서 구원받기 전에는 계속 실패했던 부분에서 승리하게 되었다.

예수님은 죽음을 통해서 우리의 힘이 되셨다. 예수님의 죽음을 통해서 부활의 생명이 임했다. 예수님이 흘리신 피를 통해서 우리와 우리 가족들을 결박하고 있던 죄악들이 무력하게 되었다.

> "우리를 거스르고 불리하게 하는 법조문으로 쓴 증서를 지우시고 제하여 버리사 십자가에 못 박으시고 통치자들과 권세들을 무력화하여 드러내어 구경거리로 삼으시고 십자가로 그들을 이기셨느니라"(골 2:14, 15).

사도 바울은 자신과 하나님이 맺은 언약의 목적과 중요성을 알았다. 그는 기독교적인 삶을 사는 것은 자기의 선천적인 재능이나 능력과 전혀 관계가 없다는 것을 알았다. 바울로 하여금 초자연적인 일을 행할 수 있게 해주신 분은 그의 안에 계신 그리스도였다. 바울은 자신의 능력이 끝나는 곳에서 하나님의 초자연적인 능력이 시작된다는 것을 알았기 때문에 그의 연약함은 기쁨의 원천이 되었다.

> "그러므로 내가 그리스도를 위하여 약한 것들과 능욕과 궁핍과 박해와 곤고를 기뻐하노니 이는 내가 약한 그 때에 강함이라"(고후 12:10).

바울은 "나는 약한 때에 행복하다. 사람들이 나를 비난할 때, 수중에 돈이 없을 때, 사람들이 나를 박해할 때, 그리고 나에게 돌을 던질 때 나는 행복하다. 내가 약할 때가 곧 강할 때이기 때문에 나는 불행 속에 있을 때 행복하다"라고 말했다.

"사람이 약할 때에 어떻게 강해질 수 있단 말인가?"라고 의아해 하는 사람들이 있을 것이다. 대답은 간단하다: 하나님의 은혜이다. 바울에게는 하나님의 은혜가 충분했고, 우리와 우리 가문의 구성원들에게도 하나님의 은혜가 충분하다. 은혜는 하나님께서 조건없이 주시는 은총, 또는 어떤 상황에서든 우리에게 전해 주시는 하나님의 능력이다. 그것은 하나님으로부터 오는 선물이다. 은혜를 받기 위해서 구원 외에 다른 일을 할 필요가 없다. 바울은 하나님의 은혜의 계시를 받았고, 그것을 신뢰하는 방법을 알았다.

고린도후서 12장 9절에서 바울은 하나님의 능력이 자기에게 머물게 하기 위해서 자기의 약한 것들을 자랑하겠다고 말한다. "약한 것"을 다른 말로 표현하면 "약점"이다. 만일 내 친구 목사가 자신의 육적인 약점이 무엇인지를 알았다면, 하나님의 능력이 초자연적으로 그를 강건하게 해주실 수 있었을 것이고, 그러면 그는 성적인 죄에 굴복하지 않았을 것이다.

어려운 상황에 직면해 있을 때 우리는 얼마나 자주 하나님의 은혜에 의지하는가? 우리의 자손이 가계에 흐르는 동일한 죄에 여러 차례 굴복하여 우리의 즐거움이 중단된 것은 언제인가? 느헤미야 8장 10절은 여호와를 기뻐하는 것이 우리의 힘이라고 말한다. 그러나 나는 그리스도의 몸 안에 있는 사람들 중에서 환난을 자랑하거나 고난의 시기에 풍성한 기쁨과 평화를 발견하는 사람은 거의 없다고 확신한다.

바울은 신약성경의 3분의 2를 기록한 인물이며, 위대한 하나님의 사람으로 간주되는 사람이지만, 그는 자기의 육체 안에 있는 약점을 알고 있었다. 그는 많은 계시를 받았기 때문에 "…내 육체에 가시 곧 사탄의 사자를 주셨으니"라고 말했다(고후 12:7). 바울은 세 번이나 하나님께 이 가시를 제거해 달라고 기도했지만, 하나님은 "바울아, 너는 능히 그것을 다룰 수 있다. 내 능력이 네게 거하여 있으면서 이러한 상황에서 네게 필요한 힘을 줄 것이다"라고 대답하셨다.

"…내 은혜가 네게 족하도다 이는 내 능력이 약한 데서 온전하여짐이라…"(고후 12:9).

이 구절에서 "온전하다"라는 단어는 "완전하게 되다, 절정에 달하다"를 의미한다. 하나님은 바울의 육체 안에 있는 가시는 하나님의 뜻에 따른 것이라고, 바울이 모든 일을 견뎌낼 수 있도록 섭리해 주실 것이라고, 그리고 하나님의 능력이 바울의 삶 속에서 완전히 발휘될 수 있도록 온전히 하나님의 능력을 의지하는 법을 배워야 한다고 다짐하셨다.

혹시 "나는 약합니다. 내 가계는 말할 것도 없고 나 자신의 삶에 있는 저주를 뒤집을 방법이 없습니다"라고 말하는 사람도 있을 것이다. 그러나 그것은 가능하다. 고린도전서 1장 27절은 하나님이 강한 것들을 부끄럽게 하려고 이 세상의 약한 것들을 사용하신다고 말한다. 현 세대와 다음 세대의 흐름을 바꾸는 것은 하나님의 은혜를 통해서만 가능하다. 우리 가계에서 잡초를 제거하고 밀과 가라지를 구분하는 데는 인간이 만든 공식이 아니라 하나님의 힘이 필요하다.

앞으로 후손까지도 물려받게 될 축복을 확보하고 유지하는 것은 자연적인 행동이 아니라 초자연적인 행동이다. 그것은 영적인 영역에서만 이룩될 수 있다. 왜냐하면 마귀는 우리 가문의 사람들을 영구적으로 종으로 삼으려 하기 때문이다. 많은 신자들은 간단히 몇 단계만 밟아도 마귀를 정복할 수 있다고 생각한다. 그러나 이 경우는 그렇지 않다. 데살로니가후서 2장 7절에서 언급된 "불법의 비밀" 때문에, 가계의 죄악을 정복하는 열쇠는 하나님의 은혜뿐이다. 우리는 우리 자신 및 후손들 위에 임하여 계신 하나님의 능력을 의지하는 법을 배워야 한다.

가계에 흐르고 있는 약점이나 어떤 유전되고 있는 악한 성향들을 확대해서 해석하지 말자. 그것은 하나님께서 우리 안에서 하나님의 능력을 완전하게 하시는 기회임을 깨닫고, 사도 바울처럼 그것들을 자랑하자. 하나님의 은혜—우리의 삶에 있는 하나님의 초자연적이고 완전한 힘—를 고백할 때 우리는 보혈의 능력, 우리를 깨끗하게 해주는 초자연적이고 신적인 요인, 우리와 우리 후손들을 가계에 흐르는 죄악의 저주에서 해방시켜 주기 위해서 그리스도께서 갈보리에서 흘리는 피를 경험하게 될 것이다.

큰 소리로 다음과 같이 기도하며 예수의 피와 하나님의 은혜가 우리 가계를 위한 축복의 유산을 지탱해주기에 풍성하다는 것을 마귀에게 상기시켜 주자.

"아버지, 우리가 모든 죄와 허물과 죄악에서 구원받는 데 필요한 모든 것을 예수 그리스도께서 주셨으니 감사합니다. 주님의 보혈이면 충분합니다. 나와 내 가계의 죄악들을 고백하며, 회개하고 보혈의 씻음을 받습니다. 우리 죄악을 위해 상하신 예수께서 이 모든 죄악을 담당해주시니 감사합니다. 내 삶에서 과거에 연약했던 부분이 하나님의 은혜와 예수의 보혈 때문에 튼튼해졌고 성령께서 그 피를 증언하신다는 것을 원수에게 상기시켜 주겠습니다. 나는 성령세례를 받았고, 그 덕분에 나를 속박하던 멍에에서 해방되었습니다. 사탄아, 예수님의 이름으로 명한다. 너는 패배했으며, 앞으로 결코 나와 내 가족들을 파괴하지 못할 것이다."

예수님의 보혈 덕분에 우리와 우리 가족들은 이제 과거의 노예가 아니다. 마귀는 패배했고, 우리의 앞날은 밝다. 우리는 삶에서 가계에 흐르는 죄악의 물길을 ㄹ차단했고, 자유를 얻어 가계의 축복을 확보했다. 우리와 우리 자녀와 후손들에게 승리를 주신 하나님을 찬양하자.

제11장
축복을 보장하는 말씀

죄악을 언급한 성구

다음에 기록한 것은 이 책에서 다룬 죄악들의 유형들과 일치하는 성구 목록이다. 제2장에서 죄악이란 하나의 연약함, 어떤 행동을 향하는 성향이나 경향이라고 말한 바 있다. 성경을 살펴보면, 가정, 국가, 제사장, 그리고 땅도 대대로 흘러 유전되는 저주를 물려받을 수 있는데, 그것은 회개와 용서와 예수의 보혈을 통해서만 깨뜨릴 수 있다.

가정의 죄악

"뱀이 여자에게 이르되 너희가 결코 죽지 아니하리라 너희가 그것을 먹는 날에는 너희 눈이 밝아져 하나님과 같이 되어 선악을 알 줄 하나님이 아심이니라 여자가 그 나무를 본즉 먹음 직도 하고 보암직도 하고 지혜롭게 할 만큼 탐스럽기도 한 나무인지라 여자가 그 열매를 따먹고 자기와 함께 있는 남편에게도 주매 그도 먹은지라"(창 3:4-6).

"그것들에게 절하지 말며 그것들을 섬기지 말라 나 네 하나님 여호와는 질투하는 하나님인즉 나를 미워하는 자의 죄를 갚되 아버지로부터 아들에게로 삼사 대까지 이르게 하거니와"(출 20:5).

"염소가 그들의 모든 불의를 지고 접근하기 어려운 땅에 이르거든 그는 그 염소를 광야에 놓을지니라"(레 16:22).

"나발이 다윗의 사환들에게 대답하여 이르되 다윗은 누구며 …내가 어찌 내 떡과 물과 내 양 털 깎는 자를 위하여 잡은 고기를 가져다가 어디서 왔는지도 알지 못하는 자들에게 주겠느냐"(삼상 25:10, 11).

"허물의 사함을 얻고 그 죄의 가리움을 받은 자는 복이 있도다 마음에 간사가 없고 여호와께 정죄를 당치 않은 자는 복이 있도다 내가 토설치 아니할 때에 종일 신음하므로 내 뼈가 쇠하였도다 주의 손이 주야로 나를 누르시오니 내 진액이 화하여 여름 가물에 마름같이 되었나이다 내가 이르기를 내 허물을 여호와께 자복하리라 하고 주께 내 죄를 아뢰고 내 죄악을 숨기지 아니하였더니 곧 주께서 내 죄의 악을 사하셨나이다"(시 32:1-5).

"내가 죄악 중에서 출생하였음이여 어머니가 죄 중에서 나를 잉태하였나이다"(시 51:5).

"나의 발걸음을 주의 말씀에 굳게 세우시고 어떤 죄악도 나를 주관하지 못하게 하소서"(시 119:133).

"남의 말하기를 좋아하는 자의 말은 별식과 같아서 뱃속 깊은 데로 내려가느니라"(잠 18:8).

"까닭 없는 저주는 참새가 떠도는 것과 제비가 날아가는 것 같이 이루어지지 아니하느니라"(잠 26:2).

"자기의 죄를 숨기는 자는 형통하지 못하나 죄를 자복하고 버리는 자는 불쌍히 여김을 받으리라"(잠 28:13).

"그가 찔림은 우리의 허물 때문이요 그가 상함은 우리의 죄악 때문이라 그가 징계를 받으므로 우리는 평화를 누리고 그가 채찍에 맞으므로 우리는 나음을 받았도다"(사 53:5).

"이에 이르되 내가 나온 내 집으로 돌아가리라 하고 와 보니 그 집이 비고 청소되고 수리되었거늘 이에 가서 저보다 더 악한 귀신 일곱을 데리고 들어가서 거하니 그 사람의 나중 형편이 전보다 더욱 심하게 되느니라 이 악한 세대가 또한 이렇게 되리라"(마 12:44, 45).

"우리가 우리에게 죄 지은 자를 사하여 준 것 같이 우리 죄를 사하여 주시옵고…너희가 사람의 잘못을 용서하면 너희 하늘 아버지께서도 너희 잘못을 용서하시려니와"(마 6:12, 14).

"더러운 귀신이 사람에게서 나갔을 때에 물 없는 곳으로 다니며 쉬기를 구하되 쉴 곳을 얻지 못하고 이에 이르되 내가 나온 내 집으로 돌아가리라 하고…"(마 12:43, 44).

"불법이 성하므로 많은 사람의 사랑이 식어지리라"(마 24:12).

"마침 그 곳에 많은 돼지 떼가 산에서 먹고 있는지라 귀신들이 그 돼지에게로 들어가게 허락하심을 간구하니 이에 허락하시니 귀신들이 그 사람에게서 나와 돼지에게로 들어가니 그 떼가 비탈로 내리달아 호수에 들어가 몰사하거늘"(눅 8:32, 33).

"이 사람이 불의의 삯으로 밭을 사고 후에 몸이 곤두박질하여 배가 터져 창자가 다 흘러 나온지라"(행 1:18).

"시몬이 사도들의 안수로 성령 받는 것을 보고 돈을 드려이르되 이 권능을 내게도 주어 누구든지 내가 안수하는 사람은 성령을 받게 하여 주소서 하니…내가 보니 너는 악독이 가득하며 불의에 매인 바 되었도다"(행 8:18, 19, 23).

". …이 백성에게 가서 말하기를 너희가 듣기는 들어도 도무지 깨닫지 못하며 보기는 보아도 도무지 알지 못하는도다 이 백성들의 마음이 우둔하여져서 그 귀로는 둔하게 듣고 그 눈은 감았으니 이는 눈으로 보고 귀로 듣고 마음으로 깨달아 돌아오면 내가 고쳐 줄까 함이라 하였으니"(행 28:26, 27).

"그러므로 남을 판단하는 사람아, 누구를 막론하고 네가 핑계하지 못할 것은 남을 판단하는 것으로 네가 너를 정죄함이니 판단하는 네가 같은 일을 행함이니라"(롬 2:1).

"모든 사람이 죄를 범하였으매 하나님의 영광에 이르지 못하더니"(롬 3:23).

"그러므로 한 사람으로 말미암아 죄가 세상에 들어오고 죄로 말미암아 사망이 들어왔나니 이와 같이 모든 사람이 죄를 지었으므로 사망이 모든 사람에게 이르렀느니라"(롬 5:12).

"너희 자신을 종으로 내주어 누구에게 순종하든지 그 순종함을 받는 자의 종이 되는 줄을 너희가 알지 못하느냐 혹은 죄의 종으로 사망에 이르고 혹은 순종의 종으로 의에 이르느니라"(롬 6:16).

"창녀와 합하는 자는 그와 한 몸인 줄을 알지 못하느냐 일렀

으되 둘이 한 육체가 된다 하셨나니…음행을 피하라 사람이 범하는 죄마다 몸 밖에 있거니와 음행하는 자는 자기 몸에 죄를 범하느니라"(고전 6:16, 18).

"죄가 너희를 주장하지 못하리니 이는 너희가 법 아래에 있지 아니하고 은혜 아래에 있음이라…너희가 본래 죄의 종이더니. …마음으로 순종하여 죄로부터 해방되어 의에게 종이 되었느니라…죄의 삯은 사망이요 하나님의 은사는 그리스도 예수 우리 주 안에 있는 영생이니라"(롬 6:14, 17, 18, 23).

"하나님이 죄를 알지도 못하신 이를 우리를 대신하여 죄로 삼으신 것은 우리로 하여금 그 안에서 하나님의 의가 되게 하려 하심이라"(고후 5:21).

"마귀에게 틈을 주지 말라"(엡 4:27).

"불법의 비밀이 이미 활동하였으나…"(살후 2:7).

"그가 우리를 대신하여 자신을 주심은 모든 불법에서 우리를 속량하시고 우리를 깨끗하게 하사 선한 일을 열심히 하는 자기 백성이 되게 하려 하심이라"(딛 2:14).

"그가 빛 가운데 계신 것 같이 우리도 빛 가운데 행하면 우리가 서로 사귐이 있고 그 아들 예수의 피가 우리를 모든 죄에서 깨끗하게 하실 것이요 만일 우리가 죄가 없다고 말하면 스스로 속이고 또 진리가 우리 속에 있지 아니할 것이요 만일 우리가 우리 죄를 자백하면 그는 미쁘시고 의로우사 우리 죄를 사하시며 우리를 모든 불의에서 깨끗하게 하실 것이요"(요일 1:7-9).

"죄를 짓는 자는 마귀에게 속하나니 마귀는 처음부터 범죄함이라 하나님의 아들이 나타나신 것은 마귀의 일을 멸하려 하심이라"(요일 3:8).

국가적 죄악

"또 여자에게 이르시되 내가 네게 임신하는 고통을 크게 더하리니 네가 수고하고 자식을 낳을 것이며…"(창 3:16).

"아모리 족속의 죄악이 아직 가득 차지 아니함이니라"(창 15:16).

"가까이 나아가 이르되 주께서 의인을 악인과 함께 멸하려 하시나이까 그 성 중에 의인 오십 명이 있을지라도 주께서 그 곳을 멸하시고 그 오십 의인을 위하여 용서하지 아니하시리이까…여여호와께서 이르시되 내가 만일 소돔 성읍 가운데에서 의인 오십 명을 찾으면 그들을 위하여 온 지역을 용서하리라…거기서 십 명을 찾으시면 어찌 하려 하시나이까 이르시되 내가 십 명으로 말미암아 멸하지 아니하리라"(창 18:23,

24, 26, 32).

"염소가 그들의 모든 불의를 지고 접근하기 어려운 땅에 이르거든 그는 그 염소를 광야에 놓을지니라"(레 16:22).

"그들이 나를 거스른 잘못으로 자기의 죄악과 그들의 조상의 죄악을 자복하고 또 그들이 내게 대항하므로 나도 그들에게 대항하여 내가 그들을 그들의 원수들의 땅으로 끌어 갔음을 깨닫고 그 할례 받지 아니한 그들의 마음이 낮아져서 그들의 죄악의 형벌을 기쁘게 받으면 내가 야곱과 맺은 내 언약과 이삭과 맺은 내 언약을 기억하며 아브라함과 맺은 내 언약을 기억하고 그 땅을 기억하리라"(레 26:40-42).

"오직 네 하나님 여호와께서 네게 기업으로 주시는 이 민족들의 성읍에서는 호흡 있는 자를 하나도 살리지 말지니. …네가 진멸하되 네 하나님 여호와께서 네게 명령하신 대로 하라"(신 20:16, 17).

"사울이 그의 신하들에게 이르되 나를 위하여 신접한 여인을 찾으라 내가 그리로 가서 그에게 물으리라…여인이 이르되 내가 누구를 네게로 불러 올리랴 하니 사울이 이르되 사무엘을 불러 올리라"(삼상 28:7, 11).

"솔로몬 왕이 바로의 딸 외에 이방의 많은 여인을 사랑하였으니 곧 모압과 암몬과 에돔과 시돈과 헷 여인이라 여호와께서 일찍이 이 여러 백성에 대하여 이스라엘 자손에게 말씀하시기를 너희는 그들과 서로 통혼하지 말며 그들도 너희와 서로 통혼하게 하지 말라 그들이 반드시 너희의 마음을 돌려 그들의 신들을 따르게 하리라 하셨으나…왕은 후궁이 칠백 명이요 첩이 삼백 명이라 그의 여인들이 왕의 마음을 돌아서게 하였더라 솔로몬의 나이가 많을 때에 그의 여인들이 그의 마음을 돌려 다른 신들을 따르게 하였으므로"(왕상 11:1-4).

"솔로몬의 아들 르호보암은 유다 왕이 되었으니…유다가 여호와 보시기에 악을 행하되 그의 조상들이 행한 모든 일보다 뛰어나게 하여 그 범한 죄로 여호와를 노엽게 하였으니 이는 그들도 산 위에와 모든 푸른 나무 아래에 산당과 우상과 아세라 상을 세웠음이라…느밧의 아들 여로보암 왕 열여덟째 해에 아비얌이 유다 왕이 되고…아비얌이 그의 아버지가 이미 행한 모든 죄를 행하고 그의 마음이 그의 조상 다윗의 마음과 같지 아니하여 그의 하나님 여호와 앞에 온전하지 못하였으나"(왕상 14:21-23; 15:1, 3).

"여호수아가 이스라엘 모든 사람과 더불어 세라의 아들 아간을 잡고 그 은과 그 외투와 그 금덩이와 그의 아들들과 그의 딸들과 그의 소들과 그의 나귀들과 그의 양들과 그의 장막과 그에게 속한 모든 것을 이끌고 아골 골짜기로 가서…온 이스라엘이 그를 돌로 치고 물건들도 돌로 치고 불사르고"(수

7:24, 25).

"내 이름으로 일컫는 내 백성이 그들의 악한 길에서 떠나 스스로 낮추고 기도하여 내 얼굴을 찾으면 내가 하늘에서 듣고 그들의 죄를 사하고 그들의 땅을 고칠지라"(대하 7:14).

"이르되 하늘의 하나님 여호와 크고 두려우신 하나님이여 주를 사랑하고 주의 계명을 지키는 자에게 언약을 지키시며 긍휼을 베푸시는 주여 간구하나이다 이제 종이 주의 종들인 이스라엘 자손을 위하여 주야로 기도하오며 우리 이스라엘 자손이 주께 범죄한 죄들을 자복하오니 주는 귀를 기울이시며 눈을 여시사 종의 기도를 들으시옵소서 나와 내 아버지의 집이 범죄하여"(느 1:5, 6).

"모든 이방 사람들과 절교하고 서서 자기의 죄와 조상들의 허물을 자복하고"(느 9:2).

"슬프다 범죄한 나라요 허물 진 백성이요 행악의 종자요 행위가 부패한 자식이로다 그들이 여호와를 버리며 이스라엘의 거룩하신 이를 만홀히 여겨 멀리하고 물러갔도다(사 1:4).

"여호와여 우리의 악과 우리 조상의 죄악을 인정하나이다 우리가 주께 범죄하였나이다"(렘 14:20).

"우리의 조상들은 범죄하고 없어졌으며 우리는 그들의 죄악을 담당하였나이다"(애 5:7).

"그들에 대하여 내 귀에 이르시되 너희는 그를 따라 성읍 중에 다니며 불쌍히 여기지 말며 긍휼을 베풀지 말고 쳐서 늙은 자와 젊은 자와 처녀와 어린이와 여자를 다 죽이되 이마에 표 있는 자에게는 가까이 하지 말라 내 성소에서 시작할지니라 하시매 그들이 성전 앞에 있는 늙은 자들로부터 시작하더라 그가 또 그들에게 이르시되 너희는 성전을 더럽혀 시체로 모든 뜰에 채우라 너희는 나가라 하시매 그들이 나가서 성읍 중에서 치더라"(겔 9:5-7).

"그가 내게 이르시되 이스라엘과 유다 족속의 죄악이 심히 중하여 그 땅에 피가 가득하며 그 성읍에 불법이 찼나니 이는 그들이 이르기를 여호와께서 이 땅을 버리셨으며 여호와께서 보지 아니하신다 함이라 그러므로 내가 그들을 불쌍히 여기지 아니하며 긍휼을 베풀지 아니하고 그들의 행위대로 그들의 머리에 갚으리라 하시더라"(겔 9:9, 10).

"내 하나님 여호와께 기도하며 자복하여 이르기를 크시고 두려워할 주 하나님, 주를 사랑하고 주의 계명을 지키는 자를 위하여 언약을 지키시고 그에게 인자를 베푸시는 이시여 우리는 이미 범죄하여 패역하며 행악하며 반역하여 주의 법도와 규례를 떠났사오며"(단 9:4, 5).

"우리는 범죄하였고 악을 행하였나이다. …이는 우리의 죄와 우리 조상들의 죄악으로 말미암아 예루살렘과 주의 백성이 사면에 있는 자들에게 수치를 당함이니이다(단 9:15, 16).

"내가 기도할 때에 이전에 환상 중에 본 그 사람 가브리엘이 빨리 날아서 저녁 제사를 드릴 때 즈음에 내게 이르더니 내게 가르치며 내게 말하여 이르되…네가 기도를 시작할 즈음에 명령이 내렸으므로 이제 네게 알리러 왔느니라…네 백성과 네 거룩한 성을 위하여 일흔 이레를 기한으로 정하였나니 허물이 그치며 죄가 끝나며 죄악이 용서되며 영원한 의가 드러나며 환상과 예언이 응하며 또 지극히 거룩한 이가 기름 부음을 받으리라"(단 9:21-24).

"만일 우리가 우리 죄를 자백하면 그는 미쁘시고 의로우사 우리 죄를 사하시며 우리를 모든 불의에서 깨끗하게 하실 것이요"(요일 1:9).

제사장의 죄악

"이 모든 말을 마치자마자 그들이 섰던 땅바닥이 갈라지니라 땅이 그 입을 열어 그들과 그들의 집과 고라에게 속한 모든 사람과 그들의 재물을 삼키매"(민 16:31, 32).

"허물의 사함을 받고 자신의 죄가 가려진 자는 복이 있도다 마음에 간사함이 없고 여호와께 정죄를 당하지 아니하는 자는 복이 있도다 내가 입을 열지 아니할 때에 종일 신음하므로 내 뼈가 쇠하였도다 주의 손이 주야로 나를 누르시오니 내 진액이 빠져서 여름 가뭄에 마름 같이 되었나이다 내가 이르기를 내 허물을 여호와께 자복하리라 하고 주께 내 죄를 아뢰고 내 죄악을 숨기지 아니하였더니 곧 주께서 내 죄악을 사하셨나이다"(시 32:1-5).

땅의 죄악

"…땅은 너로 말미암아 저주를 받고 너는 네 평생에 수고하여야 그 소산을 먹으리라 땅이 네게 가시덤불과 엉겅퀴를 낼 것이라 네가 먹을 것은 밭의 채소인즉"(창 3:17, 18).

"그들이 나를 거스른 잘못으로 자기의 죄악과 그들의 조상의 죄악을 자복하고 또 그들이 내게 대항하므로 나도 그들에게 대항하여 내가 그들을 그들의 원수들의 땅으로 끌어 갔음을 깨닫고 그 할례 받지 아니한 그들의 마음이 낮아져서 그들의 죄악의 형벌을 기쁘게 받으면 …내 언약을 기억하고 그 땅을 기억하리라"(레 26:40-42).

"내 주여 원하건대 이 죄악을 나 곧 내게로 돌리시고 …주주의 여종의 허물을 용서하여 주옵소서 여호와께서 반드시 내

주를 위하여 든든한 집을 세우시리니 이는 내 주께서 여호와의 싸움을 싸우심이요 내 주의 일생에 내 주에게서 악한 일을 찾을 수 없음이니이다"(삼상 25:24, 28).

"내 이름으로 일컫는 내 백성이 그들의 악한 길에서 떠나 스스로 낮추고 기도하여 내 얼굴을 찾으면 내가 하늘에서 듣고 그들의 죄를 사하고 그들의 땅을 고칠지라"(대하 7:14).

축복에 관한 성구

축복: 영적 건강

"그가 그의 말씀을 보내어 그들을 고치시고 위험한 지경에서 건지시는도다"(시 107:20).

"그는 실로 우리의 질고를 지고 우리의 슬픔을 당하였거늘 우리는 생각하기를 그는 징벌을 받아 하나님께 맞으며 고난을 당한다 하였노라 그가 찔림은 우리의 허물 때문이요 그가 상함은 우리의 죄악 때문이라 그가 징계를 받으므로 우리는 평화를 누리고 그가 채찍에 맞으므로 우리는 나음을 받았도다"(사 53:4, 5).

"…약한 자도 이르기를 나는 강하다 할지어다"(욜 3:10).

"사랑하는 자여 네 영혼이 잘됨 같이 네가 범사에 잘되고 강건하기를 내가 간구하노라"(요삼 2).

"친히 나무에 달려 그 몸으로 우리 죄를 담당하셨으니 이는 우리로 죄에 대하여 죽고 의에 대하여 살게 하려 하심이라 그가 채찍에 맞음으로 너희는 나음을 얻었나니"(벧전 2:24).

"스스로 지혜롭게 여기지 말지어다 여호와를 경외하며 악을 떠날지어다"(잠 3:7, 8).

축복: 정절

"모든 사람은 결혼을 귀히 여기고 침소를 더럽히지 않게 하라 음행하는 자들과 간음하는 자들을 하나님이 심판하시리라"(히 13:4).

"…훈계의 책망은 곧 생명의 길이라 이것이 너를 지켜 악한 여인에게, 이방 여인의 혀로 호리는 말에 빠지지 않게 하리라"(잠 6:23-25).

축복: 술에서의 해방

"너희는 여호와의 선하심을 맛보아 알지어다 그에게 피하는 자는 복이 있도다"(시 34:8).

"…누구든지 목마르거든 내게로 와서 마시라"(요 7:37).

"예수께서 대답하여 이르시되 이 물을 마시는 자마다 다시 목마르려니와 내가 주는 물을 마시는 자는 영원히 목마르지 아니하리니 내가 주는 물은 그 속에서 영생하도록 솟아나는 샘물이 되리라"(요 4:13, 14).

"이에 그들이 근심 중에 여호와께 부르짖으매 그들의 고통에서 건지시고"(시 107:6).

"누구든지 여호와의 이름을 부르는 자는 구원을 얻으리니…"(욜 2:32).

"그러므로 아들이 너희를 자유롭게 하면 너희가 참으로 자유로우리라"(요 8:36).

"이는 그리스도 예수 안에 있는 생명의 성령의 법이 죄와 사망의 법에서 너를 해방하였음이라"(롬 8:2).

축복: 관절염의 치유

"전에 네가 여러 사람을 훈계하였고 손이 늘어진 자를 강하게 하였고 넘어지는 자를 말로 붙들어 주었고 무릎이 약한 자를 강하게 하였거늘"(욥 4:3, 4).

"그러므로 피곤한 손과 연약한 무릎을 일으켜 세우고 너희 발을 위하여 곧은 길을 만들어 저는 다리로 하여금 어그러지지 않고 고침을 받게 하라"(히 12:12, 13).

축복: 천식과 감기의 치유

"내 영혼아 네가 어찌하여 낙심하며 어찌하여 내 속에서 불안해 하는가 너는 하나님께 소망을 두라 나는 그가 나타나 도우심으로 말미암아 내 하나님을 여전히 찬송하리로다"(시 42:11).

"…만민에게 생명과 호흡과 만물을 친히 주시는 이심이라"(행 17:25).

축복: 온유한 말

"옳은 말이 어찌 그리 고통스러운고, 너희의 책망은 무엇을 책망함이냐"(욥 6:25).

축복: 등의 통증이 사라짐

"여호와께서는 모든 넘어지는 자들을 붙드시며 비굴한 자들을 일으키시는도다"(시 145:14).

축복: 확고한 마음

"너희에게 이것을 쓰는 것은 너희로 하여금 너희에게 영생이 있음을 알게 하려 함이라"(요일 5:13).

"…내가 의탁한 것을 그 날까지 그가 능히 지키실 줄을 확신함이라"(딤후 1:12).

"우리가 그 안에 거하고 그가 우리 안에 거하시는 줄을 아느니라"(요일 4:13).

"성령이 친히 우리의 영과 더불어 우리가 하나님의 자녀인 것을 증언하시나니"(롬 8:16).

축복: 백혈병, 고혈압이나 저혈압, 당뇨병 등의 치유

" …네가 피투성이가 되어 발짓하는 것을 보고 네게 이르기를 너는 피투성이라도 살아 있으라 다시 이르기를 너는 피투성이라도 살아 있으라 하고"(겔 16:6).

"그러나 보라 내가 이 성읍을 치료하며 고쳐 낫게 하고 평안과 진실이 풍성함을 그들에게 나타낼 것이며"(렘 33:6).

"그러므로 너희 죄를 서로 고백하며 병이 낫기를 위하여 서로 기도하라 의인의 간구는 역사하는 힘이 큼이니라"(약 5:16).

"내가 전에는 그들의 피흘림 당한 것을 갚아 주지 아니하였거니와 이제는 갚아 주리니 이는 여호와께서 시온에 거하심이니라"(욜 3:21).

축복: 뼈와 관련된 병의 치유

"선한 말은 꿀송이 같아서 마음에 달고 뼈에 양약이 되느니라"(잠 16:24).

"여호와여 내가 수척하였사오니 내게 은혜를 베푸소서 여호와여 나의 뼈가 떨리오니 나를 고치소서"(시 6:2).

"그의 모든 뼈를 보호하심이여 그 중에서 하나도 꺾이지 아니하도다"(시 34:20).

축복: 화상을 입지 않음

"…네가 불 가운데로 행할 때에 타지도 아니할 것이요 불꽃이 너를 사르지도 못하리니"(사 43:2).

"여호와는 너를 지키시는 이시라 여호와께서 네 오른쪽에서 네 그늘이 되시나니 낮의 해가 너를 상하게 하지 아니하며 밤의 달도 너를 해치지 아니하리로다"(시 121:5, 6).

축복: 암의 치유

"내가 진실로 너희에게 이르노니 누구든지 이 산더러 들리어 바다에 던지우라 하며 그 말하는 것이 이룰줄 믿고 마음에 의심치 아니하면 그대로 되리라 그러므로 내가 너희에게 말하노니 무엇이든지 기도

하고 구하는 것은 받은 줄로 믿으라 그리하면 너희에게 그대로 되리라"(막 11:23, 24).

"…심은 것마다 내 천부께서 심으시지 않은 것은 뽑힐 것이니"(마 15:13).

축복: 정죄 받지 않음

"그러므로 이제 그리스도 예수 안에 있는 자에게는 결코 정죄함이 없나니"(롬 8:1).

축복: 마귀의 공격을 받지 않음

"그러므로 하나님의 전신갑주를 취하라 이는 악한 날에 너희가 능히 대적하고 모든 일을 행한 후에 서기 위함이라 그런즉 서서 진리로 너희 허리 띠를 띠고 의의 흉배를 붙이고 평안의 복음의 예비한 것으로 신을 신고 모든 것 위에 믿음의 방패를 가지고 이로써 능히 악한 자의 모든 화전을 소멸하고 구원의 투구와 성령의 검 곧 하나님의 말씀을 가지라 모든 기도와 간구로 하되 무시로 성령 안에서 기도하고 이를 위하여 깨어 구하기를 항상 힘쓰…"(엡 6:13-18).

축복: 정직

"이는 우리가 주 앞에서만 아니라 사람 앞에서도 선한 일에 조심하려 함이라"(고후 8:21).

"마귀로 틈을 타지 못하게 하라"(엡 4:27).

"아무에게도 악으로 악을 갚지 말고 모든 사람 앞에서 선한 일을 도모하라"(롬 12:17).

"하나님이여 내 속에 정한 마음을 창조하시고 내 안에 정직한 영을 새롭게 하소서"(시 51:10).

축복: 눈과 귀의 건강

"여호와께서 소경의 눈을 여시며…"(시 146:8).

"보는 자의 눈이 감기지 아니할 것이요 듣는 자의 귀가 기울어질 것이며"(사 32:3).

"그 날에 귀머거리가 책의 말을 들을 것이며 어둡고 캄캄한데서 소경의 눈이 볼 것이며"(사 29:18).

"그 때에 소경의 눈이 밝을 것이며 귀머거리의 귀가 열릴 것이며"(사 35:5).

"소경이 보며. …귀머거리가 들으며…"(마 11:5).

축복: 인내

"피곤한 자에게는 능력을 주시며 무능한 자에게는 힘을 더하시나니…여호와를 앙망하는 자는 새 힘을 얻으리니…"(사 40:29, 31).

"내가가 환난 중에 다닐지라도 주께서 나를 살아나게 하시고 주의 손을 펴사 내 원수들의 분노를 막으시며 주의 오른손이 나를 구원하시리이다"(시 138:7).

…영은 살리는 것임이니라"(고후 3:6).

축복: 담대함

"내내게 능력 주시는 자 안에서 내가 모든 것을 할 수 있느니라"(빌 4:13).

"이가 세상에 있는 자보다 크심이라"(요일 4:4).

"오직 성령이 너희에게 임하시면 너희가 권능을 받고 예루살렘과 온 유대와 사마리아와 땅 끝까지 이르러 내 증인이 되리라 하시니라"(행 1:8).

"악인은 쫓아 오는 자가 없어도 도망하나 의인은 사자 같이 담대하니라"(잠 28:1).

"내가 하나님을 의지하고 그 말씀을 찬송하올지라 내가 하나님을 의지하였은즉 두려워하지 아니하리니 혈육을 가진 사람이 내게 어찌하리이까"(시 56:4).

축복: 노후에 대한 두려움에서의 해방

"내 영혼아 여호와를 송축하라 내 속에 있는 것들아 다 그의 거룩한 이름을 송축하라 내 영혼아 여호와를 송축하며 그의 모든 은택을 잊지 말지어다 그가 네 모든 죄악을 사하시며 네 모든 병을 고치시며 네 생명을 파멸에서 속량하시고 인자와 긍휼로 관을 씌우시며 좋은 것으로 네 소원을 만족하게 하사 네 청춘을 독수리 같이 새롭게 하시는도다"(시 103:1-5).

"의인은 종려나무 같이 번성하며…늙어도 여전히 결실하며 진액이 풍족하고 빛이 청청하니"(시 92:12, 14).

축복: 두 발의 건강

"주께서 내 영혼을 사망에서, 내 눈을 눈물에서, 내 발을 넘어짐에서 건지셨나이다 내가 생명이 있는 땅에서 여호와 앞에 행하리로다"(시 116:8, 9).

"네가 네 길을 평안히 행하겠고 네 발이 거치지 아니하겠으며"(잠 3:23).

축복: 지혜로운 말

"입과 혀를 지키는 자는 자기의 영혼을 환난에서 보전하느니라"(잠 21:23).

"그러므로 생명을 사랑하고 좋은 날 보기를 원하는 자는 혀를 금하여 악한 말을 그치며 그 입술로 거짓을 말하지 말고"(벧전 3:10).

"말을 아끼는 자는 지식이 있고…"(잠 17:27).

"말이 많으면 허물을 면하기 어려우나 그 입술을 제어하는 자는 지혜가 있느니라"(잠 10:19).

"사람은 그 입의 대답으로 말미암아 기쁨을 얻나니 때에 맞는 말이 얼마나 아름다운고"(잠 15:23).

"무릇 더러운 말은 너희 입 밖에도 내지 말고 오직 덕을 세우는 데 소용되는 대로 선한 말을 하여 듣는 자들에게 은혜를 끼치게 하라"(엡 4:29).

"너희 말을 항상 은혜 가운데서 소금으로 맛을 냄과 같이 하라 그리하면 각 사람에게 마땅히 대답할 것을 알리라"(골 4:6).

"여호와여 내 입에 파수꾼을 세우시고 내 입술의 문을 지키소서"(시 141:3).

축복: 지혜

"너희는 하나님으로부터 나서 그리스도 예수 안에 있고 예수는 하나님으로부터 나와서 우리에게 지혜와 의로움과 거룩함과 구원함이 되셨으니"(고전 1:30).

축복: 튼튼한 손

"너희는 약한 손을 강하게 하며 떨리는 무릎을 굳게 하며"(사 35:3).

축복: 사랑의 삶

"…서로 사랑하라 내가 너희를 사랑한 것 같이 너희도 서로 사랑하라"(요 13:34).

"…성령으로 말미암아 하나님의 사랑이 우리 마음에 부은 바 됨이니"(롬 5:5).

축복: 두통과 편두통의 치유

"예수를 죽은 자 가운데서 살리신 이의 영이 너희 안에 거하시면 그리스도 예수를 죽은 자 가운데서 살리신 이가 너희 안에 거하시는 그의 영으로 말미암아 너희 죽을 몸도 살리시리라"(롬 8:11).

"이 말씀은 나의 고난 중의 위로라 주의 말씀이 나를 살리셨기 때문이니이다"(시 119:50).

축복: 건강한 마음

"너는 여호와를 기다릴지어다 강하고 담대하며 여호와를 기다릴지어다"(시 27:14).

"여호와는 나의 힘과 나의 방패이시니 내 마음이 그를 의지하여 도움을 얻었도다 그러므로 내 마음이 크게 기뻐하며 내 노래로 그를 찬송하리로다"(시 28:7).

"강호와를 바라는 너희들아 강하고 담대하라"(시 31:24).

"모든 지킬 만한 것 중에 더욱 네 마음을 지키라 생명의 근원이 이에서 남이니라"(잠 4:23).

"마음의 즐거움은 양약이라도 심령의 근심은 뼈를 마르게 하느니라"(잠 17:22).

축복: 자부심

"…그런즉 이제는 내가 사는 것이 아니요 오직 내 안에 그리스도께서 사시는 것이라…"(갈 2:20).

"…내가 믿는 자를 내가 알고 또한 내가 의탁한 것을 그 날까지 그가 능히 지키실 줄을 확신함이라"(딤후 1:12).

"…만일 하나님이 우리를 위하시면 누가 우리를 대적하리요"(롬 8:31).

"그러므로 우리가 담대히 말하되 주는 나를 돕는 이시니 내가 무서워하지 아니하겠노라 사람이 내게 어찌하리요 하노라"(히 13:6).

"우리가 무슨 일이든지 우리에게서 난 것 같이 스스로 만족할 것이 아니니 우리의 만족은 오직 하나님으로부터 나느니라"(고후 3:5).

"감사로 제사를 드리는 자가 나를 영화롭게 하나니…"(시 50:23).

"범사에 우리 주 예수 그리스도의 이름으로 항상 아버지 하나님께 감사하며"(엡 5:20).

"그러므로 우리는 예수로 말미암아 항상 찬송의 제사를 하나님께 드리자…"(히 13:15).

"범사에 감사하라 이것이 그리스도 예수 안에서 너희를 향하신 하나님의 뜻이니라"(살전 5:18).

"그러므로 너희가 그리스도 예수를 주로 받았으니 그 안에서 행하되 그 안에 뿌리를 박으며 세움을 받아 교훈을 받은 대로 믿음에 굳게 서서 감사함을 넘치게 하라"(골 2:6, 7).

축복: 자손 번성

"…너희 중의 남녀와 너희의 짐승의 암수에 생육하지 못함이 없을 것이며"(신 7:14).

"또 임신하지 못하던 여자를 집에 살게 하사 자녀들을 즐겁게 하는 어머니가 되게 하시는도다…"(시 113:9).

축복: 단잠

"내가 평안히 눕고 자기도 하리니 나를 안전히 살게 하시는 이는 오직 여호와이시니이다"(시 4:8).

"너희가 일찍이 일어나고 늦게 누우며 수고의 떡을 먹음이 헛되도다 그러므로 여호와께서 그의 사랑하시는 자에게는 잠을 주시는도다"(시 127:2).

"대저 여호와께서 깊이 잠들게 하는 영을 너희에게 부어 주사 너희의 눈을 감기셨음이니…"(사 29:10).

"네가 누울 때에 두려워하지 아니하겠고 네가 누운즉 네 잠이 달리로다"(잠 3:24).

축복: 믿음

"…오직 하나님께서 각 사람에게 나누어 주신 믿음의 분량대로…"(롬 12:3).

축복: 정신 건강

"내 속에 근심이 많을 때에 주의 위안이 내 영혼을 즐겁게 하시나이다"(시 94:19).

"여호와는 압제를 당하는 자의 요새이시요 환난 때의 요새이시로다"(시 9:9).

"너의 행사를 여호와께 맡기라 그리하면 네가 경영하는 것이 이루어지리라"(잠 16:3).

"…그러나 우리가 그리스도의 마음을 가졌느니라"(고전 2:16).

"하나님 아는 것을 대적하여 높아진 것을 다 무너뜨리고 모든 생각을 사로잡아 그리스도에게 복종하게 하니"(고후 10:5).

"모든 지각에 뛰어난 하나님의 평강이 그리스도 예수 안에서 너희 마음과 생각을 지키시리라"(빌 4:7).

"하나님이 우리에게 주신 것은 두려워하는 마음이 아니요 오직 능력과 사랑과 절제하는 마음이니"(딤후 1:7).

축복: 말 때문에 생긴 문제에 휘말리지 않음

"입과 혀를 지키는 자는 그 영혼을 환난에서 보전하느니라"(잠

21:23).

"그의 귀가 열리고 혀가 맺힌 것이 곧 풀려 말이 분명하여졌더라… 사람들이 심히 놀라 이르되 그가 모든 것을 잘하였도다 못 듣는 사람도 듣게 하고 말 못하는 사람도 말하게 한다 하니라"(막 7:35, 37).

"의의인의 입은 생명의 샘이라도 악인의 입은 독을 머금었느니라"(잠 10:11).

"입을 지키는 자는 자기의 생명을 보전하나 입술을 크게 벌리는 자에게는 멸망이 오느니라"(잠 13:3).

축복: 건강한 근육

"화가 네게 미치지 못하며 재앙이 네 장막에 가까이 오지 못하리니 그가 너를 위하여 그의 천사들을 명령하사 네 모든 길에서 너를 지키게 하심이라 그들이 그들의 손으로 너를 붙들어 발이 돌에 부딪히지 아니하게 하리로다"(시 91:10-12).

축복: 긍정적인 자의식

"너희는 외모만 보는도다 만일 사람이 자기가 그리스도에게 속한 줄을 믿을진대 자기가 그리스도에게 속한 것 같이 우리도 그러한 줄을 자기 속으로 다시 생각할 것이라"(고후 10:7).

"이로로써 사랑이 우리에게 온전히 이루어진 것은 우리로 심판 날에 담대함을 가지게 하려 함이니 주께서 그러하심과 같이 우리도 이 세상에서 그러하니라"(요일 4:17).

축복: 침착

"하나님은 우리의 피난처시요 힘이시니 환난 중에 만날 큰 도움이시라"(시 46:1).

"네 짐을 여호와께 맡기라 그가 너를 붙드시고 의인의 요동함을 영원히 허락하지 아니하시리로다"(시 55:22).

"…주의 영이 계신 곳에는 자유가 있느니라"(고후 3:17).

축복: 사교(邪敎)에 빠지지 않음

"이러므로 하나님이 그를 지극히 높여 모든 이름 위에 뛰어난 이름을 주사 늘에 있는 자들과 땅에 있는 자들과 땅 아래에 있는 자들로 모든 무릎을 예수의 이름에 꿇게 하시고 모든 입으로 예수 그리스도를 주라 시인하여 하나님 아버지께 영광을 돌리게 하셨느니라"(빌 2:9-11).

"그런즉 너희는 하나님께 복종할지어다 마귀를 대적하라 그리하면 너희를 피하리라"(약 4:7).

"이는 우리로 사탄에게 속지 않게 하려 함이라 우리는 그 계책을 알지 못하는 바가 아니로라"(고후 2:11).

"내가 너희에게 뱀과 전갈을 밟으며 원수의 모든 능력을 제어할 권능을 주었으니 너희를 해칠 자가 결코 없으리라"(눅 10:19).

"서쪽에서 여호와의 이름을 두려워하겠고 해 돋는 쪽에서 그의 영광을 두려워할 것은 여호와께서 그 기운에 몰려 급히 흐르는 강물 같이 오실 것임이로다"(사 59:19).

"그러면 열여덟 해 동안 사탄에게 매인 바 된 이 아브라함의 딸을 안식일에 이 매임에서 푸는 것이 합당하지 아니하냐"(눅 13:16).

"마귀의 간계를 능히 대적하기 위하여 하나님의 전신 갑주를 입으라 우리의 씨름은 혈과 육을 상대하는 것이 아니요 통치자들과 권세들과 이 어둠의 세상 주관자들과 하늘에 있는 악의 영들을 상대함이라"(엡 6:11, 12).

축복: 압제에서의 해방

"그리스도께서 우리를 자유롭게 하려고 자유를 주셨으니 그러므로 굳건하게 서서 다시는 종의 멍에를 메지 말라"(갈 5:1).

"그 날에 그의 무거운 짐이 네 어깨에서 떠나고 그의 멍에가 네 목에서 벗어지되 기름진 까닭에 멍에가 부러지리라"(사 10:27).

"여호와는 나의 빛이요 나의 구원이시니 내가 누구를 두려워하리요 여호와는 내 생명의 능력이시니 내가 누구를 무서워하리요"(시 27:1).

"그러므로 아들이 너희를 자유롭게 하면 너희가 참으로 자유로우리라"(요 8:36).

축복: 중풍이나 뇌졸증에 걸리지 않음

"하나님이여 내가 주께 서원함이 있사온즉 내가 감사제를 주께 드리리니 주께서 내 생명을 사망에서 건지셨음이라 주께서 나로 하나님 앞, 생명의 빛에 다니게 하시려고 실족하지 아니하게 하지 아니하셨나이까"(시 56:12, 13).

축복: 하나님의 보호

"뱀을 집어올리며 무슨 독을 마실지라도 해를 받지 아니하며 …"(막 16:18).

"피부와 살을 내게 입히시며 뼈와 힘줄로 나를 엮으시고"(욥 10:11)

축복: 번영

"나의 하나님이 그리스도 예수 안에서 영광 가운데 그 풍성한 대로 너희 모든 쓸 것을 채우시리라"(빌 4:19).

"이 율법책을 네 입에서 떠나지 말게 하며 주야로 그것을 묵상하여 그 안에 기록된 대로 다 지켜 행하라 그리하면 네 길이 평탄하게 될 것이며 네가 형통하리라"(수 1:8).

"복 있는 사람은 악인들의 꾀를 따르지 아니하며 죄인들의 길에 서지 아니하며 오만한 자들의 자리에 앉지 아니하고 오직 여호와의 율법을 즐거워하여 그의 율법을 주야로 묵상하는도다 그는 시냇가에 심은 나무가 철을 따라 열매를 맺으며 그 잎사귀가 마르지 아니함 같으니 그가 하는 모든 일이 다 형통하리로다"(시 1:1-3).

"너희는 먼저 그의 나라와 그의 의를 구하라 그리하면 이 모든 것을 너희에게 더하시리라"(마 6:33).

"네 하나님 여호와를 기억하라 그가 네게 재물 얻을 능력을 주셨음이라…"(신 8:18).

"사랑하는 자여 네 영혼이 잘됨 같이 네가 범사에 잘되고 강건하기를 내가 간구하노라"(요삼 2).

"도둑이 오는 것은 도둑질하고 죽이고 멸망시키려는 것뿐이요 내가 온 것은 양으로 생명을 얻게 하고 더 풍성히 얻게 하려는 것이라"(요 10:10).

"네 재물과 네 소산물의 처음 익은 열매로 여호와를 공경하라 그리하면 네 창고가 가득히 차고 네 포도즙 틀에 새 포도즙이 넘치리라"(잠 3:9, 10).

"주라 그리하면 너희에게 줄 것이니 곧 후히 되어 누르고 흔들어 넘치도록 하여 너희에게 안겨 주리라 너희가 헤아리는 그 헤아림으로 너희도 헤아림을 도로 받을 것이니라"(눅 6:38).

"사랑하는 자들아 만일 우리 마음이 우리를 책망할 것이 없으면 하나님 앞에서 담대함을 얻고 무엇이든지 구하는 바를 그에게서 받나니 이는 우리가 그의 계명을 지키고 그 앞에서 기뻐하시는 것을 행함이라"(요일 3:21, 22).

축복: 하나님을 모독하는 말을 하지 않음

"이제는 너희가 이 모든 것을 벗어 버리라 곧 분함과 노여움과 악의와 비방과 너희 입의 부끄러운 말이라"(골 3:8).

"선한 말은 꿀송이 같아서 마음에 달고 뼈에 양약이 되느니라"(잠 16:24).

"죽고 사는 것이 혀의 힘에 달렸나니 혀를 쓰기 좋아하는 자는 혀의 열매를 먹으리라"(잠 18:21).

"온순한 혀는 곧 생명 나무이지만 패역한 혀는 마음을 상하게 하느니라"(잠 15:4).

축복: 자녀들의 순종

"내 아들아 내 말에 주의하며 내가 말하는 것에 네 귀를 기울이라 그것을 네 눈에서 떠나게 하지 말며 네 마음 속에 지키라 그것은 얻는 자에게 생명이 되며 그의 온 육체의 건강이 됨이니라"(잠 4:20-22).

"나 여호와께서 이와 같이 말씀하시니라 네 울음 소리와 네 눈물을 멈추어라 네 일에 삯을 받을 것인즉 그들이 그의 대적의 땅에서 돌아오리라 여호와의 말씀이니라"(렘 31:16).

축복: 기쁨

"주께서 생명의 길을 내게 보이시리니 주의 앞에는 충만한 기쁨이 있고 주의 오른쪽에는 영원한 즐거움이 있나이다"(시 16:11).

"느헤미야가 또 그들에게 이르기를 너희는 가서 살진 것을 먹고 단 것을 마시되 준비하지 못한 자에게는 나누어 주라 이 날은 우리 주의 성일이니 근심하지 말라 여호와로 인하여 기뻐하는 것이 너희의 힘이니라 하고"(느 8:10).

"지금은 너희가 근심하나 내가 다시 너희를 보리니 너희 마음이 기쁠 것이요 너희 기쁨을 빼앗을 자가 없으리라"(요 16:22).

"예수를 너희가 보지 못하였으나 사랑하는도다 이제도 보지 못하나 믿고 말할 수 없는 영광스러운 즐거움으로 기뻐하니"(벧전 1:8).

"내가 달려갈 길과 주 예수께 받은 사명 곧 하나님의 은혜의 복음을 증언하는 일을 마치려 함에는 나의 생명조차 조금도 귀한 것으로 여기지 아니하노라"(행 20:24).

"이 날은 여호와께서 정하신 것이라 이 날에 우리가 즐거워하고 기뻐하리로다"(시 118:24).

"온 땅이여 여호와께 즐거운 찬송을 부를지어다 기쁨으로 여호와를 섬기며 노래하면서 그의 앞에 나아갈지어다 여호와가 우리 하나님이신 줄 너희는 알지어다 그는 우리를 지으신 이요 우리는 그의 것이니 그의 백성이요 그의 기르시는 양이로다 감사함으로 그의 문에 들어가며 찬송함으로 그의 궁정에 들어가서 그에게 감사하며 그의 이름을 송축할지어다 여호와는 선하시니 그의 인자하심이 영원하고 그의 성실하심이 대대에 이르리로다"(시 100:1-5).

"마음의 즐거움은 얼굴을 빛나게 하여도 마음의 근심은 심령을 상하게 하느니라"(잠 15:13).

"두려워하지 말라 내가 너와 함께 함이라 놀라지 말라 나는 네 하나님이 됨이라 내가 너를 굳세게 하리라 참으로 너를 도와 주리라 참으로 나의 의로운 오른손으로 너를 붙들리라"(사 41:10).

축복: 관대함

"하나님이 세상을 이처럼 사랑하사 독생자를 주셨으니 이는 그를 믿는 자마다 멸망하지 않고 영생을 얻게 하려 하심이라"(요 3:16).

"…주는 것이 받는 것보다 복이 있다…"(행 20:35).

"사람이 어찌 하나님의 것을 도둑질하겠느냐 그러나 너희는 나의 것을 도둑질하고도 말하기를 우리가 어떻게 주의 것을 도둑질하였나이까 하는도다 이는 곧 십일조와 봉헌물이라 너희 곧 온 나라가 나의 것을 도둑질하였으므로 너희가 저주를 받았느니라 만군의 여호와가 이르노라 너희의 온전한 십일조를 창고에 들여 나의 집에 양식이 있게 하고 그것으로 나를 시험하여 내가 하늘 문을 열고 너희에게 복을 쌓을 곳이 없도록 붓지 아니하나 보라 만군의 여호와가 이르노라 내가 너희를 위하여 메뚜기를 금하여 너희 토지 소산을 먹어 없애지 못하게 하며 너희 밭의 포도나무 열매가 기한 전에 떨어지지 않게 하리니 너희 땅이 아름다워지므로 모든 이방인들이 너희를 복되다 하리라 만군의 여호와의 말이니라"(말 3:8-12).

"흩어 구제하여도 더욱 부하게 되는 일이 있나니 과도히 아껴도 가난하게 될 뿐이니라"(잠 11:24).

"이것이 곧 적게 심는 자는 적게 거두고 많이 심는 자는 많이 거둔다 하는 말이로다"(고후 9:6).

축복: 자신감

"사람을 두려워하면 올무에 걸리게 되거니와 여호와를 의지하는 자는 안전하리라"(잠 29:25).

축복: 나쁜 일에 중독에 되지 않음

"나를 대적하는 자 많더니 나를 치는 전쟁에서 그가 내 생명을 구원하사 평안하게 하셨도다"(시 55:18).

"이는 나 여호와 너의 하나님이 네 오른손을 붙들고 네게 이르기를 두려워하지 말라 내가 너를 도우리라 할 것임이니라"(사 41:13).

"너희는 너희가 하나님의 성전인 것과 하나님의 성령이 너희 안에 계시는 것을 알지 못하느냐 누구든지 하나님의 성전을 더럽히면 하나님이 그 사람을 멸하시리라 하나님의 성전은 거룩하니 너희도 그러하니라"(고전 3:16, 17).

"네가 장수하다가 무덤에 이르리니 마치 곡식단을 제 때에 들어올림 같으니라"(욥 5:26).

". …하나님의 아들이 나타나신 것은 마귀의 일을 멸하려 하심이라"(요일 3:8).

축복: 궤양에 걸리지 않음

"상심한 자들을 고치시며 그들의 상처를 싸매시는도다"(시 147:3).

축복: 용서하는 마음

"서서 기도할 때에 아무에게나 혐의가 있거든 용서하라 그리하여야 하늘에 계신 너희 아버지께서도 너희 허물을 사하여 주시리라 하시니라"(막 11:25).

"나는 너희에게 이르노니 너희 원수를 사랑하며 너희를 박해하는 자를 위하여 기도하라 이같이 한즉 하늘에 계신 너희 아버지의 아들이 되리니 이는 하나님이 그 해를 악인과 선인에게 비추시며 비를 의로운 자와 불의한 자에게 내려주심이라"(마 5:44, 45).

축복: 가정의 구원

"이르되 주 예수를 믿으라 그리하면 너와 네 집이 구원을 받으리라 하고"(행 16:31).

"베드로가 이르되 너희가 회개하여 각각 예수 그리스도의 이름으로 세례를 받고 죄 사함을 받으라 그리하면 성령의 선물을 받으리니 이 약속은 너희와 너희 자녀와 모든 먼 데 사람 곧 주 우리 하나님이 얼마든지 부르시는 자들에게 하신 것이라 하고"(행 2:38, 39).

"…너희 이름이 하늘에 기록된 것으로 기뻐하라 하시니라"(눅 10:20).

"누구든지 주의 이름을 부르는 자는 구원을 받으리라"(롬 10:13).

축복: 사랑하는 사람들의 구원

"네가 만일 네 입으로 예수를 주로 시인하며 또 하나님께서 그를 죽은 자 가운데서 살리신 것을 네 마음에 믿으면 구원을 받으리라 사람이 마음으로 믿어 의에 이르고 입으로 시인하여 구원에 이르느니라"(롬 10: 9, 10).

축복: 장수

"너희 하나님 여호와께서 너희에게 명령하신 모든 도를 행하라 그리하면 너희가 살 것이요 복이 너희에게 있을 것이며 너희가 차지한 땅에서 너희의 날이 길리라"(신 5:33).

축복: 유익한 사람이 됨

"하나님이 죄를 알지도 못하신 이를 우리를 대신하여 죄로 삼으신 것은 우리로 하여금 그 안에서 하나님의 의가 되게 하려 하심이라"(고후 5:21).

축복: 회복

"여호와의 말씀이니라 그들이 쫓겨난 자라 하매 시온을 찾는 자가 없은즉 내가 너의 상처로부터 새 살이 돋아나게 하여 너를 고쳐 주리라"(렘 30:17).

축복: 마음의 평화

"또 여호와를 기뻐하라 그가 네 마음의 소원을 네게 이루어 주시리로다"(시 37:4).

"너희 염려를 다 주께 맡기라 이는 그가 너희를 돌보심이라"(벧전 5:7).

"주 안에서 항상 기뻐하라 내가 다시 말하노니 기뻐하라"(빌 4:4).

"아무 것도 염려하지 말고 다만 모든 일에 기도와 간구로, 너희 구할 것을 감사함으로 하나님께 아뢰라 그리하면 모든 지각에 뛰어난 하나님의 평강이 그리스도 예수 안에서 너희 마음과 생각을 지키시리라"(빌 4:6, 7).